Kontakte zum Jenseits - Vertraue der geistigen Welt

Roland Bachofner

Roland Bachofner

Kontakte zum Jenseits
- Vertraue der geistigen Welt -

Jenseitsansichten 2

DeBehr

Copyright by: Roland Bachofner
ISBN: 9783944028316
Herausgeber: Verlag DeBehr, Radeberg
Erstauflage: 2013
Umschlaggrafik: Copyright by Fotolia by © Stefan Körber

Inhaltsverzeichnis

Vorwort

Auszug aus einer Mail: „Lieber Roland, dein Büchlein hat mir sehr geholfen, es gab mir viel Kraft und Zuversicht, wann kommt dein zweites Buch?"

Gespräch eins mit Patrone:

Patrone: Ja, Roland, gib Gas!

Roland: Ich hab doch gerade erst eins geschrieben, das reicht doch ...

Patrone: Dieses kleine Buch?

Roland: Was, kleines Buch? Hast du gesehen, wie lange ich daran gesessen habe, an dem „kleinen" Buch?

Patrone: Ja, habe ich. Es wird Zeit, ein zweites zu schreiben.

Roland: Du spinnst doch!

Patrone: Nein, ich spinne nicht, was ist falsch daran, ein zweites zu schreiben?

Roland: Nichts ist falsch daran, Patrone, aber es reicht doch, wenn ich es in fünf oder sechs Jahren schreibe.

Patrone: In fünf oder sechs Jahren? Da wirst du zu wenig Zeit haben, ein Buch zu schreiben …

Roland: Warum denn das schon wieder? Du schmeißt wieder mit Bröckchen und jetzt verstehe ich auch die User in meinem Forum – dass ich keine Bröckchen werfen soll, das kapiert doch keiner!

Patrone: Du kannst doch schon mal deine ganzen Erlebnisse notieren, so wie es deine Seelenschwester dir geraten hat, wo hast du all deine Zettel?

Roland: Sind alle hier im Schrank und vieles steht auch im Forum.

Patrone: Soso, im Schrank und im Forum. Im Schrank sind keine Zettel und in deinem Forum steht nicht mehr so viel, nachdem es damals abgestürzt ist – was ja nicht deine Schuld war ...

Roland: Da hast du auch wieder Recht, Patrone, aber ...

Patrone: Oje!

Roland: Nix oje, du wirst mir schon dabei helfen, wenn ich ein zweites Buch schreiben möchte

Patrone: Keiner sagt etwas von „möchten" – du musst! Natürlich helfe ich dir auch beim zweiten Buch.

Roland: So machen wir das, Patrone.

Patrone: Moment, welche Themen nehmen wir?

Roland: Keine Ahnung, da wird uns schon was einfallen bei Gelegenheit.

Patrone: Wie wäre es mit „Zeichen der Seelen aus dem Jenseits" oder „Das Heimweh der Seele" oder „Die meist gestellten Fragen an Roland per Mail oder Chat"?

Roland: Jetzt warte doch mal, hast du das auswendig gelernt, Patrone?

Patrone: Oder einfach mal die komischen esoterischen Wörter übersetzen!

Roland: Welche komischen Wörter?

Patrone: Na, zum Beispiel „Walk-in" – hast du gestern erst im Forum geschrieben und sehr gut erklärt.

Roland: Es gibt von diesen Begriffen tausend verschiedene!

Patrone: Eben darum!

Roland: Jetzt hast du mich bald so weit mit dem zweiten Buch.

Patrone: Weißt du noch, wie dich der Erich genannt hat? „Jenseitsautor"!

Roland: Jetzt mach aber einen Punkt, Patrone.

Patrone: So machen wir das, du bekommst genügend Informationen für dein Buch. Deine Seelenschwester freut sich auch darüber, wenn du wieder in die Tasten haust. Und Patricia erst ...

Roland: Ja, ist ja gut, ich mach's.

Patrone: Aus freien Stücken?

Roland: Nur wenn ich das als Vorwort nehmen darf!

Patrone: Diese Unterhaltung? Die hast du bis dahin vergessen oder willst du sie im Schrank „abheften"?

Roland: Du bist mal wieder so witzig – also ja oder nein?

Patrone: Von mir aus gerne, mich spricht keiner darauf an ...

Roland: Macht nix, die Leser wissen aber, du gehörst zu mir.

Patrone: Okay, Deal: Du schreibst und ich helfe dir mit den Informationen. Unser Gespräch kannst du als Vorwort nehmen … Dein Buch wird heißen: „Vertraue der geistigen Welt".

Kapitel 1
Leben mit der Gabe

Viele Leser meines ersten Buches fragten mich, wie es weiterging mit meiner Gabe: Hast du schon alles erlebt, was du erleben wolltest, und wie war das?

Nein, ich lerne ständig neue Dinge und die geistige Welt überrascht mich immer noch mit den Dingen, die ihr möglich sind.

Beginnen wir da, wo ich das erste Buch mehr oder weniger beendet habe: Mit dem Leben nach dem Tod.

Es kamen im Laufe der folgenden Zeit immer mehr Mails mit Anfragen nach Jenseitskontakten oder Kontakten zum Schutzengel, aber auch mit allgemeinen Fragen zur geistigen Welt: Bist du dir sicher, dass es ein Jenseits gibt? Geht es meinen verstorbenen Lieben wirklich gut? Habe auch ich einen Engel?

Ein kurzer Rückblick für die Leser, die mein erstes Buch nicht kennen: Ich hatte mich im Jahr zweitausendundacht entschlossen, ein Trauerforum zu eröffnen. Es fand sehr großen Zuspruch und so habe ich viele Menschen kennen gelernt, aus allen Teilen Deutschlands, aber auch aus Österreich, der Schweiz, Luxemburg und den Niederlanden. Sie alle ermutigten mich, ein Buch über meine Erfahrungen mit der geistigen Welt zu schreiben.

Ich begann schließlich, Notizen zu machen, und mein Patron half mir sehr dabei, alte Erinnerungen aufzufrischen. So schrieb ich jeden Tag ein paar Zeilen und es wurden zunehmend mehr. Manchmal war ich so im Fluss, dass ich die Zeit total vergaß. Nach ungefähr vier Monaten war mein erstes Manuskript fertig, die Sprache allerdings war eine Mischung aus Bayerisch und Oberpfälzisch.

In meinem Forum erfuhr ich, dass mein Manuskript zunächst von einem Lektor geprüft werde. „Auweia", dachte ich mir, „das kann doch kein Mensch lesen!" Ich traf im Forum aber auf eine Frau, die sich gut mit Formulierungen und der deutschen Rechtschreibung auskennt und zudem mit meinem Dialekt vertraut ist. Was es ansonsten noch mit ihr auf sich hat, sollte sich später zeigen ...

Ich schickte ihr mein komplettes Manuskript zum Überarbeiten und sie half mir, mein „Geschreibsel" ins Hochdeutsche zu übersetzen. Schon nach zwei Wochen war alles perfekt.

Jetzt ging's los, ich musste einen Verlag finden, der Interesse an meinem Manuskript hatte. Nach langem Recherchieren im Internet fand ich einige Verlage, die neue Autoren suchen. Viele Chancen rechnete ich mir nicht aus, so als namenloser Newcomer …

Ich schickte sämtliche Vervielfältigungen meines Manuskriptes an einem Tag los. Von München bis Berlin – alle großen Verlage waren dabei und so hoffte ich auf eine Zusage zur Veröffentlichung meines Buches.

Nach circa zwei Wochen kamen die ersten Antworten, gleich zu Beginn zwei Absagen. „Na super", dachte ich mir ... Nach und nach antworteten die nächsten Verlage und fünf davon wollten mein Buch in ihr Programm aufnehmen, da sie dafür sehr gute Chancen auf dem Buchmarkt sahen.

Bei drei Verlagen gab es aber einen Haken: Druckkostenzuschuss im vierstelligen Bereich. Beim vierten Verlag sogar fünfstellig! „Unmöglich", dachte ich mir, „wo soll ich um Gottes willen so einen Betrag hernehmen, um mein Buch zu finanzieren?"

Ich fragte meinen Patron, was ich tun solle, er gab mir aber keine Audienz, lediglich ein Grinsen schenkte er mir. Jedoch wusste ich mit Sicherheit, dass ich ihm immer zu hundert

Prozent vertrauen kann, denn er weiß mehr als ich – er würde mich schon führen. Vielleicht war es ein ungünstiger Zeitpunkt für mein Buch? „Warten wir mal ab" war meine Devise.

Mit Martin, einem IT-Spezialisten aus Österreich, bastelte ich in der Zwischenzeit an meiner neuen Homepage. Ich kaufte mir eine Domain – www.jenseitsansichten.de – und war sehr froh, nun stolzer Besitzer einer eigenen Internetpräsenz zu sein.

Jetzt konnte ich selbst bestimmen, ob und welche Werbung auf ihr zu sehen ist. Auf meiner alten, werbungsfinanzierten Homepage erschienen immer die reinsten Abzockangebote, Hotline-Nummern, mit denen man den Menschen das Geld nur so aus der Tasche ziehen wollte – angefangen von Astro-Hotlines bis hin zum „Schlankwerden in sieben Tagen" – und das für fast vier Euro pro Minute. Welch ein Schnäppchen …, aber ohne mich!

Ich gab Martin sämtliche Daten für die neue Homepage, denn er hat ein Händchen für das HTML, ich selbst konnte damit nur sehr wenig anfangen. Martin bastelte vier Wochen daran, bis ich das Resultat das erste Mal sehen konnte – ich hatte ihm komplett freie Hand gegeben. „Klasse, grandios", sagte ich darauf zu meinem Patrone, „guck dir das mal an!"

Gespräch zwei mit Patrone:

Patrone: Roland, du hast dich geweigert, ein Bild von dir reinzustellen, wie ich es dir geraten habe.
Roland: Nun ja, ich hatte kein vernünftiges.
Patrone: Doch, hattest du, überlege mal: das Bild mit dem dunklen Pullover ...
Roland: Na klar, fehlt nur noch ein Käppchen und ich bin ein Rapper!
Patrone: Das Käppchen steht dir doch.

Roland: Na klar und dir steht das „Bischofsmützchen".
Patrone: Schreib weiter und blödele nicht.

Als ich mir die neue Homepage genauer ansah, sah ich plötzlich an ihrem unteren Ende ein Banner mit der Adresse eines Verlages. Ich guckte erstaunt und dachte mir: „Wie kommt das denn dahin?" Ich schrieb mir die Adresse auf und mailte gleich Martin an. Ich fragte ihn, ob es nicht möglich sei, die Werbung auf meiner Internetseite wegzuschalten. Er antwortete: „Es gibt doch gar keine Werbung auf deiner Homepage!" Ich entschloss mich, für Martin ein Foto zu machen, damit er sich selbst von meiner „Entdeckung" überzeugen könne, doch da war weit und breit keine Werbung mehr.

Gott sei Dank hatte ich mir die Adresse notiert und suchte sofort im Internet nach diesem Verlag – ich fand ihn auf Anhieb. „DeBehr Verlag sucht junge Autoren", das war das Wichtigste, was ich dort las. Ich druckte mein Manuskript noch ein weiteres Mal aus und schickte alles los.

Nach einer Woche bekam ich Post. Die Inhaberin des DeBehr Verlages war sehr begeistert von meinem Büchlein, sie schrieb, dass es ihr sogar ein Kribbeln verursacht habe. „Welch ein gigantisches Lob von der Chefin des Verlages", dachte ich mir und war schon ein wenig stolz auf mich, mit meinem Manuskript eine Gänsehaut zu verursachen. „Fängt super an, schauen wir mal weiter …, wo steht was über Druckkosten?" Ich war überrascht – der Anteil war ein Bruchteil dessen, was andere Verlage von mir verlangt hatten.

Sofort wurde mir klar, *wer* diese Werbung auf meine Homepage platziert und warum mein Patrone damals so gegrinst hatte.

Jetzt ging es Schlag auf Schlag: Covergestaltung, Inhaltsangabe und so weiter. Der Verlag war perfekt für mich!

Nach vier Wochen waren mein Cover auf der Homepage des DeBehr Verlages fest etabliert und der Hinweis „Neuerscheinung im Mai". Das war unglaublich schön, doch gleichzeitig hatte ich auch ein komisches Gefühl dabei.

„Was ist, wenn es ein Flop wird und ich mich lächerlich mache" – solche Gedanken schwirren einem dann durch den Kopf –, „wird es überhaupt angenommen und verstanden werden?"

Fast unglaublich – es sollte in vier Wochen auf den Markt kommen! Ich wollte mich jetzt mal überraschen lassen, meine Gedanken bis dahin waren ständig beim Buch, es ließ mich nicht mehr los.

Eines Tages kam meine Schwester Karin zu Besuch und sah auf der Eckbank meinen allerersten Manuskriptausdruck liegen. „Was ist das denn?", fragte sie meine Frau Patricia. „Das ist das Buch, das dein Bruder geschrieben hat", antwortete diese. Meine Schwester glaubte bislang nicht so recht an meine besondere Gabe. Ich war deshalb sehr überrascht, dass sie die Ausdrucke zum Lesen mitnehmen wollte. „Na gut, nimm sie halt mit und sag mir, was du davon hältst." Karin versprach, sich zu melden.

Schon am nächsten Tag rief sie mich begeistert an! Damit hatte ich überhaupt nicht gerechnet – umso mehr war ich geschmeichelt von ihrer Meinung. Somit hatte ich einen kleinen Funken Hoffnung, dass es doch klappen könne mit dem Verlegen meines Buches.

Gespräch drei mit Patrone:

Patrone: Viele Menschen, Roland, werden dein Buch nicht einfach lesen und dann weglegen. Sie lesen es zweimal oder auch dreimal. Nicht weil du es so umständlich geschrieben hast, sondern weil die Seele es liest. Letzter Satz im Buch,

Roland? „… manche Leser fühlen sich nach diesem Buch enorm inspiriert, andere wachen erfrischt auf."

Roland: Das ist schon unglaublich!

Patrone: Nein, Roland, der Hammer kommt erst noch …

Meine Schwester brachte das Manuskript am Abend zurück, wir legten es wieder auf die Eckbank und diskutierten darüber. Sie konnte es nicht fassen, was ich geschrieben hatte, und meinte dann: „Wenn das Buch auf dem Markt ist, bin ich die Erste, die eines kaufen wird."

Am nächsten Morgen kam meine Schwägerin Mona vorbei und entdeckte natürlich auch gleich das Manuskript an der gewohnten Stelle. „Was ist das?", fragte sie meine Frau. „Rolands Buch" – mehr sagte diese nicht zu ihr, denn sie wusste, dass Mona dem Thema „Tod und Jenseits" sehr ängstlich gegenüberstand. Sie wollte nichts hören von Verstorbenen und der geistigen Welt, sie fürchtete sich davor. Umso größer war das Erstaunen, als sie die ersten zwei Seiten gelesen hatte, und fragte, ob sie es mal mitnehmen könne.

Meine Frau erzählte Mona, dass sich in diesem Buch alles um Seelen, Engel und das Leben nach dem Tod drehe. „Ich nehme es trotzdem mit zum Lesen." Als Patricia mir dies mittags erzählte, konnte ich es zuerst gar nicht glauben. „Echt? Wieso das denn? Ich bin gespannt, was sie zu berichten hat."

Nach zwei Tagen brachte Mona das Manuskript wieder und fragte, ob es davon noch mehr zu lesen gebe? Ich war total erstaunt – gerade Mona, die nichts von Seelen und alldem wissen wollte – also das war der Oberhammer …

Gespräch vier mit Patrone:

Patron: Jetzt kannst du sehen, wie dein Buch Menschen in ihrer Einstellung zum Jenseits zum Positiven hin ändern kann.

Roland: Ist schon der Wahnsinn ...

Es vergingen drei Wochen ohne besondere Ereignisse. Eines Tages bekam ich wieder einmal Post vom Verlag: „Sehr geehrter Herr Bachofner, anbei übersende ich Ihnen die ersten drei Exemplare Ihres Buches." Ich strahlte und hielt mein eigenes Buch in den Händen, ich war riesig stolz und freute mich sehr! Mein Buch war ab sofort überall zu kaufen, bei großen Internetanbietern und selbst im ausländischen Buchhandel war es vertreten. Ich glaube, ich verharrte zwanzig Minuten vor dem Computer und schaute mir „mein Buch" an.

Jeden Tag sah ich in das große Internetportal, um zu sehen, auf welchem Rang es stand. Ich fand es in der Liste bei einer Million – kein verkauftes Exemplar. Am nächsten Morgen war es schon weit unter Rang vierhundertfünfzigtausend angekommen und nach fünf Tagen entdeckte ich es auf Platz zwölftausendsechshundertvierundfünfzig. Ich staunte nicht schlecht, ich „überholte" sogar ein sehr bekanntes englisches und ein ebenso populäres amerikanisches Medium.

Die Platzierung schwankte dann immer wieder, das machte mir aber nichts aus, ich hatte keinen Bestseller schreiben wollen, sondern ein Buch, das Trauernden ein wenig Zuversicht geben kann.

Ich widmete mich wieder den Anfragen, am folgenden Abend hatte ich einen neuen Termin für einen Jenseitskontakt. Als dieser beendet war, schrieb mir die Frau: „Roland, ich habe dein Buch heute Morgen bestellt. Die Rezensionen haben mich überzeugt, hätte ich sie nicht gelesen, würde ich es aber jetzt nach deinem wunderbaren Kontakt nachholen, ich danke dir von ganzem Herzen."

Hm, ich wollte die Frau nicht fragen, wo sie denn die Rezensionen gelesen hatte, so forschte ich selbst nach und wurde bei Amazon fündig.

Ich möchte hier nur einige wiedergeben, die genau das beschreiben, was ich mir gewünscht und erhofft hatte – dass das Buch auch genau so, wie ich es gedacht hatte, angenommen werden würde:

„Alles in allem würde ich sagen – es ist ein Buch für Menschen, die sich dafür interessieren, ob und wie es nach dem irdischen Ableben weitergeht – frei von esoterischem Gehabe und geschildert in einfachen Worten eines ganz bodenständigen Menschen und Mediums, welches nicht auf Ruhm und Geld und Bekanntheit spekuliert, sondern ganz einfach trauernden Menschen mit seiner Gabe helfen will."

„Dieses Buch ist sehr zu empfehlen. Es hebt sich von den anderen Büchern, die sich dem gleichen Thema widmen, insofern ab, dass man sich persönlich angesprochen fühlt. Während man bei anderen Büchern manchmal über die Glaubwürdigkeit der einzelnen Beispiele nachdenkt, ist das Buch von Roland Bachofner sehr authentisch. Ich freue mich auf das nächste Buch. Fünf Sterne!"

„Ich kann mich den beiden Meinungen vorher nur anschließen! Das Buch ist sehr schön und persönlich geschrieben, so dass man sich ohne Angst in die Jenseitswelt einfühlen kann. Herr Bachofner versteht es sehr gut, seine Leser mit seiner bodenständigen Schreibweise diesem Thema näher zu bringen. Dass Kontakte zum Jenseitigen auch humorvoll sein können, hat er in persönlichen Erfahrungen kennen gelernt.
Eben dass es dabei nicht unbedingt ernst zugehen muss, beweist er mit seiner ganz eigenen und ehrlichen Schreibweise. Für mich ein sehr empfehlenswertes Buch, das in jedes Bücherregal gehört! Auch ich freue mich schon auf weitere Bücher von ihm. Roland Bachofner ist ein Jenseitsautor und

Medium, dessen Name man sich merken sollte, deshalb auch von mir fünf Sterne ..."

„Dieses Buch war ein Geschenk einer Freundin nach dem Tod meiner lieben Mutti. Bin nicht ganz unbedarft herangegangen, da ich mich schon länger mit geistigem Heilen beschäftige und auch anwende. Ich habe dieses Buch in einem Ritt gelesen. Es ließ mich nicht mehr los.

Es ist humorvoll geschrieben und für jeden nachvollziehbar. Am liebsten möchte man sofort mit dem Autor in Verbindung treten oder selber gleich versuchen, mit seinem Schutzengel Kontakt aufzunehmen. Ich bin begeistert und kann es nur jedem, wirklich jedem, empfehlen."

„Ein sehr informatives Buch. Gut geschrieben, indem man das Gefühl bekommt, dass Herr Bachofner persönlich mit einem redet. Mit einer gewissen Ernsthaftigkeit und Humor geschrieben, was einen an das Buch fesselt. Ein sehr gutes Werk ..."

„Lieber Roland, mit deinem Buch und überhaupt dem, was du schreibst, hast du mir so ziemlich die Angst vor dem Tod genommen! Deine Arbeit für die Menschen ist von unschätzbarem Wert! Ich habe gestern meiner fünfzehnjährigen Tochter das Buch zu lesen gegeben, sie wirkt manchmal so melancholisch. Dein Buch müsste Pflichtlektüre in der Schule sein, und es würde viel weniger zu Suizidversuchen unter Teenys in der Pubertät kommen! Davon bin ich überzeugt ... Gerade in diesem Alter weiß man nicht so recht, was los ist, und bräuchte etwas Hilfe zum Verstehen an die Hand."

Ich konnte meinen Augen nicht trauen, was ich da las, so viel Zuspruch von wildfremden Menschen, unglaublich! Jetzt bekam ich sehr viele Mails und die Termine stauten sich bis zu zwei Monaten im Voraus.

Wenn ich Jenseitskontakte per Mail oder Telefon machte, bekam ich meist nach ein paar Tagen Feedbacks und weitere Fragen an die entsprechenden Seelen. Jedes Mal musste ich erneut die Seele kontaktieren, mit der ich mich ein paar Tage zuvor unterhalten hatte. So ging es nicht weiter, ich musste mir etwas anderes einfallen lassen, nur was?

Am liebsten wäre mir der persönliche Kontakt zu den Hinterbliebenen gewesen, doch sechshundert oder sogar neunhundert Kilometer zu fahren ist schon eine sehr weite Strecke und nicht jedem Klienten möglich.

Martin kam dann auf die Idee, einen Live-Chat einzurichten. Das hörte sich für mich sehr interessant an und ich meinte: „Versuchen wir es." Wir legten keinen Wert auf pompöses Design des Chats, vielmehr auf seine Einfachheit. Er sollte für jeden leicht zu verstehen sein, ohne Schnickschnack, ohne Registrierung. Auch ältere Menschen, die unter Umständen nicht so mit den Chatprogrammen der verschiedenen Anbieter vertraut sind, sollten ihn auf Anhieb verstehen. Martin erstellte einen, der wirklich sehr einfach aufgebaut ist – man gibt nur seinen Namen ein und das war es.

Schon stand der Chat – es konnte losgehen. In meinen Mails fragte ich jeden, ob er nicht live mit mir im Chat kommunizieren wolle.

Die Erste, die mein Angebot annahm, war Marion. Sie schrieb mir, dass sie einen geliebten Menschen verloren habe und ob es möglich sei, einen Kontakt herzustellen. „Natürlich, liebe Marion, wir versuchen es im Chat", antwortete ich und gab ihr einen Termin innerhalb von drei Tagen. Ich wollte den Chat unbedingt ausprobieren: Mittwoch, neunzehn Uhr, im Chatraum von jenseitsansichten.de. Diesen Termin vergesse ich so schnell nicht …

Pünktlich zur vereinbarten Zeit betrat Marion den Chatraum. Sie schrieb, dass sie sehr nervös und aufgeregt sei. Ich beruhigte sie und schrieb ihr, sie solle einfach denken, dass ich ein guter Freund von ihr bin. Ich begann ihr zu erklären, wie es ablaufen werde: „Liebe Marion, ich bin kein Volltrance-Medium, das bedeutet, du kannst mich jederzeit unterbrechen und nachfragen."

„Okay, Roland, alles klar."

Original Chat-Protokoll:

Roland: Also es ist jemand da.
Roland: Das Erste, was ich jetzt sehe, ist ein Haus.
Roland: Es ist ein sehr großes Haus mit braunen Fenstern.
Roland: Die Türe ist dunkelgrün.
Roland: Die Türe geht jetzt auf, es kommt ein Mann heraus.
Roland: Er winkt mir zu, ich soll näher kommen.
Roland: Ich stehe jetzt in einem Zimmer gleich hinter der Türe.
Roland: Das Zimmer ist auch sehr groß.
Roland: Es sieht aus wie ein Kindergarten.
Roland: Überall ist Spielzeug und in der Ecke steht ein Pferd.
Roland: Es ist ungefähr achtzig Zentimeter hoch.
Roland: Es ist total rosa.
Roland: Das Pferd hat einen gelben Bügel und Flügel.
Roland: So wie ein Pegasus.
Roland: Es kommt jetzt jemand von der Türe rein.
Roland: Es ist ein kleines Mädchen.
Roland: Es hält sich am Türgriff fest und geht nicht weiter.
Roland: Es lächelt so richtig verlegen, beißt sich auf die Lippe.
Roland: Ich tippe auf die erste Klasse.
Roland: Also so sechs oder sieben.
Roland: Ich gehe in die Knie, um nicht so groß zu wirken.
Roland: Ich frage es nach seinem Namen.

Roland: Es sagt ihn mir noch nicht.

Roland: Es gibt mir aber ein starkes Gefühl von Liebe zu dir.

Roland: Es fühlt sich an wie starke Gefühle zu seiner Mutter.

Roland: Nach dem Gefühl zu urteilen, ist es deine Tochter.

Roland: Ja, sie ist deine Tochter.

Marion: Ja, ich habe eine Tochter gehen lassen müssen.

Marion: Ich habe Tränen in den Augen.

Roland: Sie zeigt mir jetzt ein Bild.

Roland: Auf dem ist sie sehr klein.

Roland: Ich beschreibe dir das Bild.

Roland: Sie weint, ihre Oberlippe ist so weit hochgezogen.

Roland: Man kann ihren Gaumen sehen.

Roland: Du hast dich amüsiert, weil sie so geschrien hat.

Roland: Kannst du dich daran erinnern, an das Bild?

Marion: An ein Bild nicht, aber an die Situation.

Roland: Du hast mit deinen Fingern an ihrem Kinn gespielt.

Marion: Ja.

Roland: Ich wollte noch mehr Bilder sehen.

Roland: Die könnte ich beschreiben, aber sie zeigt mir keine.

Marion: Kannst du sie was fragen?

Roland: Ja, natürlich.

Marion: Frag sie mal, wie ihr Papa sie immer nennt.

Roland: Okay.

Roland: Sie spielt mit ihrem Fuß, als ich sie gefragt habe.

Roland: Und lächelt nur.

Roland: Warten wir mal, vielleicht sagt sie ihren Namen noch.

Marion: Ja.

Marion: Ist sie glücklich?

Roland: Ich fragte sie, wie es dazu gekommen ist.

Roland: Dass sie so bald in unser aller Heimat gegangen ist.

Marion: Und?

Roland: Sie steht vor mir und lässt sich einfach umfallen ...

Roland: Ich fragte sie, ob sie einfach umgefallen ist.

Roland: Nein! Sie macht es noch mal …

Roland: Sie spielt jetzt und von jetzt auf gleich fällt sie wieder um.

Roland: Ich frage sie, ob ich die Situation sehen darf.

Roland. Darf ich es fragen, Marion, oder ist es zu schwer für dich?

Marion: Nein, ist okay.

Roland: Wirklich?

Roland: Ich möchte nichts aufwühlen.

Marion: Wühlst du nicht.

Roland: Ich sehe ein Kinderbettchen, sie ist eingeschlafen und nicht mehr aufgewacht.

Roland: Auf der Bettdecke sind Schafe und Bäume zu sehen.

Marion: Genau, hat sie die Decke tatsächlich nicht vergessen?

Roland: Nein, sie ist sehr kuschelig. Sie ist höchsten ein Jahr alt, wie sie so darin liegt.

Roland: Ich fühle jetzt deinen Schmerz, den du hattest.

Roland: Ich spüre aber auch die enorme Liebe.

Roland: Sie liebt dich wirklich sehr.

Roland: Sie sagt, sie ist sehr oft bei dir.

Roland: Sie kann deine Gedanken lesen.

Roland: Du denkst sehr oft an sie.

Roland: Sie hat jetzt so blond-braune Haare.

Roland: Vielleicht schulterlang.

Roland: Und leicht gewellt an der Seite.

Marion: Entschuldige bitte.

Roland: Ich kann im Moment nicht schreiben vor Freude.

Roland: Kein Problem, liebe Marion.

Roland: Sie erzählt, dass sie sehr oft an Papas Knie hängt und sich mitschleifen lässt.

Roland: Ihr habt einen sehr glatten Boden, der richtig glänzt!

Marion: Ja. Timo sagt wirklich an manchen Tagen, es komme ihm so vor, als wenn ein Klotz an seinen Füßen hängt.

Roland: Ihr macht das sehr viel Spaß!

Roland: Sie ruft dann immer nach dir und lacht sich schief!

Roland: Ich soll dir sagen, dass sie euch sehr, sehr liebt.

Roland: Sie ist sehr stolz auf dich.

Roland: Sie möchte sich auch bei dir bedanken.

Roland: Für alles, was du für sie getan hast.

Roland: Ich sehe jetzt noch mehr Kinder, die da herumturnen.

Roland: Sie sitzt da mittendrin.

Roland: Besteht die Möglichkeit, liebe Marion, dass du noch zwei Kinder hast?

Marion: Ja, zwei.

Roland: Nicht sehr weit auseinander?

Marion: Nein.

Roland: Ich sehe jetzt einen blauen Teppich.

Roland: So richtig royalblau.

Roland: Ihre Lieblingsfarbe ist royalblau.

Marion: Danke.

Roland: Sie mag die Farbe total.

Marion: Hat sie dir gesagt, warum ich das wissen wollte?

Roland: Nein, leider nicht.

Roland: Sie zeigte ihn mir nur, ich musste ihn dir beschreiben.

Marion: Danke ihr dafür.

Roland: Mache es bitte selber, sie ist jetzt bei dir.

Roland: Sie steht an deiner linken Seite.

Roland: Sie bekommt alles mit, liebe Marion.

Roland: Auch wenn du nur gedanklich mit ihr sprichst.

Marion: Okay.

Roland: Sie möchte dich gern berühren an deiner linken Backe.

Roland: Schließe bitte deine Augen für eine Minute.

Roland: Freue dich – nicht traurig sein!

Roland: Freue dich, dass sie so nah ist!

Roland: Sie küsst dich.

Roland: Hast du es gefühlt am Ohr?

Marion: Sie weiß, dass ich das an den Ohren mag.

Roland: Sie wird in deinen Traum kommen und dir zeigen, wie sie jetzt aussieht.

Roland: Als kleines Dankeschön.

Roland: Sie ist ein bisschen – in Bayern sagt man gschamich – schüchtern.

Marion: Ja, so sind alle meine Kinder, muss sie dann auch sein, ist ja ihre Schwester.

Roland: Du sollst auch ihren Papa herzlich grüßen,

Roland: Er soll ein wenig schneller laufen, wenn sie am Fuß hängt.

Roland: Sie brummt jetzt wie ein Auto, wie wenn sie immer Vollgas geben würde.

Marion: Original, das ist meine Janina.

Roland: Ihr Vater nannte sie Schumi, weil sie so hell brummte wie ein Formel-eins-Auto.

Roland: Schöner Name, sie hat ihn mir nicht gesagt.

Roland: Ich stehe jetzt wieder in dem großen Spielzimmer.

Roland: Ich höre jede Menge Kids da herumtollen.

Roland: Es hört sich an, als wenn dreißig Kinder auf einmal losrennen!

Roland: Da bekommt man direkt Angst …

Roland: Janina möchte sich verabschieden.

Roland: Sie rennt los und winkt noch mal.

Marion: Ist sie glücklich?

Roland: Ja, ist sie, ihr geht es wirklich sehr, sehr gut. Ich sehe, Janina ist ein aufgewecktes Kind, wenn sie mal in Fahrt kommt.

Roland: Das wird sie bestimmt von ihrer Mama haben.

Marion: Von wem sonst?

Roland: Sie hat auch noch mal versprochen, in deinen Traum zu kommen.

Roland: Es kann ein paar Tage dauern, liebe Marion.

Marion: Mal sehen, da warte ich schon länger drauf.

Marion: Mann, Roland! Danke, danke, danke, danke dir!

Marion: Willst du wissen, wann sie ging?

Roland: Ja, bitte.

Marion: Sie ging mit zehn Monaten und elf Tagen.

Marion: Sie ist gestorben an plötzlichem Kindstod und wäre jetzt sechs Jahre alt.

Marion: Ich habe nach der Farbe gefragt, weil ich ein Tattoo machen lasse mit Schmetterling.

Marion: Ich wusste nicht, welche Farbe sie haben will.

Roland: Und da kommt sie mit dem blauen Teppich.

Marion: Ich wollte auch wissen, ob sie auf mich stolz ist – nun weiß ich es.

Roland: Sie ist sehr stolz auf dich.

Marion: Ich denke jeden Tag an sie, sie fehlt mir so unendlich!

Marion: Ich danke dir aus tiefstem Herzen, Roland.

Roland: Ich danke dir, liebe Marion, für dein Vertrauen mir gegenüber.

Marion: Ich melde mich bei dir wegen des Traumes.

Roland: Ja, bitte!

Marion: Tschüss.

Roland: Tschau.

Ich beendete den Chat und musste erst mal zur Ruhe finden. Es war sonderbar und gleichzeitig schön.

Ich bitte mein Gegenüber grundsätzlich, mir vorher nichts zu erzählen, keine Namen zu nennen und keine Todesursache. Auch bei diesem ersten Chat brauchte ich keine Informationen.

Gespräch fünf mit Patrone:

Roland: Nach ein paar Minuten habe ich mich als Kind von Marion gefühlt. Ich hatte Tochtergefühle zu einer wildfremden

Frau, die fünf Jahre jünger ist als ich! Sag mir bitte, wie kann denn das sein?

Patrone: Wie du ja weißt, Roland, arbeiten Seelen sehr viel mit Gefühlen, und somit erkennst du sofort, in welcher Verbindung die Seele zu den Hilfe- und Trostsuchenden steht. Gefühle täuschen dich nie!

Mein erster Chat klappte also super und so stellte ich langsam meine Termine auf das Chatprogramm um. Es gab überraschenderweise auch Trauernde, die einen „direkten" Kontakt zur Seele meiden wollten. Sie hatten schlichtweg Angst vor einem Live-Chat. Ich wollte natürlich keinen dazu überreden und tippte für diese Klienten brav meine Mails weiter wie bisher.

Nach circa einer Woche bekam ich eine Mail von Marion, mit der ich ja meinen ersten Chat hatte.

„Lieber Roland, ja, ich habe von Janina geträumt, so wie Du es beschrieben hast. Leider erst nach fünf Tagen, aber es war wunderschön. Jetzt, wo ich Dir die Mail schreibe, laufen meine Tränen wieder. Ich habe Deinen Chat kopiert und ihn täglich zwei- bis dreimal gelesen. Immer wieder fand ich neue hilfreiche Stellen, die mir sehr, sehr viel Kraft gegeben haben.

Heute habe ich den Chat das erste Mal meinem Mann gezeigt. Er wunderte sich schon seit ein paar Tagen, er traute sich aber nicht nachzufragen, aus Angst, ich würde wieder sehr viel weinen. Ich habe ihm unseren Chat gezeigt, er setzte sich hin und wurde sehr still. Er fragte mich aus, woher ich diese Infos alle habe. Ich sagte ihm, von seiner Tochter – Roland kann mit Seelen sprechen. Er las den kompletten Chat noch mal. Er konnte es nicht glauben! Wir danken Dir sehr, Roland, vor allem ich. Du hast mir gezeigt, dass unser „Schumi" bei uns ist und es ihm sehr gut geht. Danke schön für alles …"

So viel dazu. Ich werde später noch einen Live-Chat wiedergeben …

Viele Leser meines ersten Buches gaben mir den Denkanstoß, mehr solcher Jenseitskontakte zu schildern. Ehrlich gesagt, wollte ich das zunächst vermeiden, um nicht „auf den Putz zu hauen". Es könnte ja schließlich jeder einen Kontakt schildern, so wie er ihn gerade braucht.

Diese Chats sind nicht erfunden – und ich habe jede einzelne Person um Erlaubnis gefragt, sie in mein zweites Buch mit aufzunehmen zu dürfen.

Es vergingen ein paar Wochen ohne besondere Ereignisse. Eines Abends um neunzehn Uhr hatte ich einen Termin mit Hermine. Ich erklärte ihr, wie alles abläuft.

Ich saß vor dem Computer und wartete, bis ich Bilder, Gefühle oder nur einen Satz hören würde – nach ein paar Minuten immer noch nichts. Hermine schrieb, ob ich denn noch da sei. „Ja", antwortete ich ihr, „bekomme aber leider nichts rein." Sie war sehr enttäuscht, ich konnte es aber nicht ändern. Was hätte ich ihr erzählen sollen?

Ich rätselte, an was es wohl lag: Ist es zu laut draußen auf der Straße? Nein, das störte mich bis jetzt noch nie. Oder ist es die Musik von meinem Sohn im Nachbarzimmer? Nein, da lief doch gar keine.

Gespräch sechs mit Patrone:

Roland: Wie kann denn das sein, habe ich was falsch gemacht?
Patrone: Nein, Roland.
Roland: Erkläre es mir!
Patrone: Stell dir vor, du bist ein Radio. Du empfängst verschiedene Radiostationen auf verschiedenen Frequenzen, zu

dieser Zeit warst du einfach auf eine falsche Wellenlänge eingestellt.

Roland: Ach so. Und wie finde ich die richtige Frequenz?

Patrone: Gar nicht, Roland, du kannst nicht alle Seelen hören.

Roland: Also kann es mir durchaus öfters passieren?

Patrone: Ja, es kommt vor, manchmal bist du auch einfach nur der falsche Ansprechpartner und die Seele sucht sich jemand anderen.

Roland: Ist es dann bei euch Engeln auch so, dass ich manchen Patrone nicht hören kann?

Patrone: Nein, wir senden alle gleich.

Roland: Okay, Patrone. Danke für den Hinweis ...

Mein Patrone hatte wieder einmal Recht – es war mir ja umgekehrt auch schon passiert, dass eine Seele nur mit mir Kontakt aufnehmen wollte. Bei einem anderen Medium hatte sie sich standhaft geweigert und lediglich durchgegeben, ein Kontakt wäre schon mit jemand anderem vereinbart.

Während ich diese Zeilen für mein Buch schrieb, setzte sich meine Frau neben mich, um eine zu rauchen. Sie las mit ...

Patrone: Roland, schreib weiter! Itzia ist ganz schön neugierig.

Roland: Ja? Ist sie das?

Patrone: O ja. Stimmt's, Patricia, du flinkes Auge?

Patricia: Das glaube ich jetzt nicht, was da steht, oder?

Roland: Doch, kannst du ruhig glauben ...

Patrone: Sehr gut, denn ich sehe *alles*, liebe Patricia.

Patricia: Nicht mal heimlich mitlesen kann man bei euch beiden.

Patrone lacht, Roland lacht und Patricia dackelt wieder ins Wohnzimmer.

Man kann sagen, bei vierzig Chats im Monat waren circa vier bis fünf dabei, die nicht funktionierten. Ich war sehr zufrieden, dass das neue Programm von den Hilfesuchenden so gut angenommen wurde.

Beim nächsten und letzten Chat, den ich euch wiedergeben möchte, handelte es sich um einen Trauernden aus unserem Nachbarland Niederlande. Es war bereits sein zweiter Termin und ich blickte dem Chat sehr entspannt entgegen.

Dieser Chat eröffnete wieder andere Dinge, die ich mir vorher nie so erträumt hatte. Diese Seele neckte im ersten gemeinsamen Chat sehr gerne und so wollte ich sie diesmal auch necken …

Roland: Servus, Toni!

Toni: Hallo, Roland, einen schönen guten Abend!

Roland: Schönen guten Abend, mein Freund!

Roland: Hast du Fragen an Angie oder schauen wir einfach mal? Nicht, dass wir es wieder vergessen zu fragen.

Toni: Nein, schau erst mal rein.

Roland: Okay.

Roland: Das Erste, was ich heute sehe, sind Bleistiftzeichnungen.

Roland: Du versuchst, Angies Namen zu schreiben und den gewissen Schwung zu finden.

Roland: Für den Namen des Bootes.

Toni: Ja, den Schriftzug habe ich entworfen.

Toni: Und versucht, die Buchstaben zu verbinden.

Roland: Okay, ich sehe deine ersten Gehversuche, wie du versuchst, den Schriftzug zu treffen.

Roland: Ich habe gesehen auf dem Boot, dass du das A ganz lang gezogen hast.

Roland: Du bist vom A nach oben und wolltest den ganzen Namen irgendwie verzieren.

Roland: Es sieht aus wie ein Halbmond.

Toni: Ja, der Schriftzug war erst für das andere Boot gedacht.

Roland: Okay, Angie hat dich beobachtet bei deiner – wie sagt Angie – Schreibkunst.

Roland: Du wolltest es perfekt haben und du hast sie auch gefragt, ob es so passt.

Toni: Hat sie einen Vorschlag, wie wir das zweite Boot taufen sollen?

Roland: Ja, hat sie.

Roland: „Forever".

Toni: Ja, finde ich wunderschön.

Roland: Sie hat noch einen Tipp wegen der Farbe.

Toni: Ich bekomme eine Gänsehaut.

Roland: Dunkelrot.

Roland: Also die Schriftfarbe.

Toni: Finde ich traumhaft.

Roland: Sie steht rechts hinter dir und sie hat ihren Kopf fast auf deinen Schultern.

Roland: Du hast im Moment Ärger, sagt Angie.

Toni: Ja , so ziemlich.

Roland: Angie tut es sehr leid, was du mitmachst.

Roland: Aber ihr verwirklicht euren Traum.

Roland: Und Angie ist dabei.

Toni: Ist ja jetzt fast alles auf einem guten Weg.

Roland: Eben, positiv bist du auf jeden Fall eingestellt.

Toni: In jedem Fall und mit Angie an meiner Seite.

Roland: Sie zeigt mir jetzt zwei Zahlen.

Roland: Die Eins und die Vier .

Toni: Es war unser erstes Treffen am vierzehnten April.

Toni: Angie, ich liebe dich so!

Toni: Hat denn Angie das gelesen, was ich in den Sand geschrieben habe?

Toni: Am Cap Ferret.

Roland: Zeigt sie mir nicht …

Roland: Warte!

Roland: Sie habe es vorhin geschrieben, meint sie.

Roland: So soll das Boot heißen „Forever".

Toni: Unglaublich!

Roland: Wirklich wahr.

Toni: Es ist echt wunderschön.

Roland: Da kann man gar nichts drauf sagen …

Toni: Stimmt.

Toni: Bin echt sprachlos.

Roland: Was wäre dein Name gewesen fürs Boot?

Toni: Oder sollen wir das Holzboot „Angie" und das große „Forever" taufen?

Roland: Angie lacht gerade ...

Roland: Darf ich es wörtlich weitergeben?

Toni: Ja, aber sicher, bitte!

Roland: Dem Holzboot willst du meinen Namen geben und dem großen Boot „Forever"?

Toni: Wie sie es möchte.

Roland: Nein, so wie es ist …, das große Boot soll ihren Namen tragen, so wie du es wolltest.

Toni: Das finde ich prima.

Roland: Sie hat deinen Unterarm berührt, so entlanggestreichelt. Sie sagt, du warst das Beste, was ihr passieren konnte. Du sollst dich geküsst fühlen von ganzem Herzen.

Toni: Danke, Schatz, du bist aber auch das Beste in meinem Leben.

Roland: Sie wird mit dir segeln, solange der Wind weht.

Toni: Ich bin sprachlos.

Ein Chat dauert im Schnitt circa neunzig Minuten, die Zeit vergeht nicht nur für mich, sondern auch für das Gegenüber wie im Fluge. Nach jedem Chat kopiere ich diesen und sende ihn der betroffenen Person über Mail oder ganz normal über den Postweg. Man kann dann den Chat nochmals in aller Ruhe durchlesen.

Eines Tages hatte ich einen Chattermin mit einer jungen Frau, die ihren Verlobten durch einen Verkehrsunfall verloren hatte. Es begann ganz normal wie jeder andere Chat auch, aber diesmal war etwas anders.

Ich schrieb die Botschaften der Seele in den Chatraum, als ich plötzlich vor meinem inneren Auge eine Frau sitzen sah, die in einen Fernseher oder Monitor guckte. Ich konnte es zunächst nicht einordnen und wartete, was noch komme … Ich sah eine Tastatur, die leicht gebogen war, und danach ein Handtuch um den Kopf der Frau. Der Oberkörper war frei und es war mir etwas unangenehm, ihr zu schreiben.

Dann sah ich die Frau etwas trinken und bekam selbst einen trockenen Mund. Ich schrieb ihr, dass ich den Chat kurz unterbreche, damit ich mir etwas zu trinken holen kann. So weit bin ich, liebe Freunde, gar nicht gekommen, sie antwortete mir sofort: Kein Problem, sie trinke gerade selbst etwas, weil sie durstig geworden sei.

Erstaunt schrieb ich zurück und fragte, ob sie ein Handtuch um den Kopf trage? „Ja", antwortete sie und verstummte. Ich schrieb ihr, was ich noch sah, und ich konnte sie regelrecht aufschreien hören. „Oh, mein Gott, kannst du mich etwa sehen? Ich war so in Eile, dass ich aus der Dusche gerannt bin und sofort an den PC, um unseren Termin nicht zu verpassen", schrieb sie mir.

Ich glaube, es war uns beiden etwas peinlich.

Sie berichtete, dass ihr Verlobter immer sehr mit ihr angegeben habe, er schenkte ihr stets sehr knappe Kleidung, um die Männerwelt zum Staunen zu bringen, was er sich für eine tolle Frau „geangelt" hat. Na ja, das ist original ihr Richard.

Seit diesem Erlebnis teile ich vorher in jedem Chat mit, dass die Möglichkeit besteht, dass ich mein Gegenüber live hinter dem Computer sitzen sehe. Manche wollen dann noch schnell aufräumen oder sich hübsch machen oder in einen anderen Raum gehen – das alles interessiert mich aber nicht im Geringsten.

Die Botschaften über Chat sprachen sich sehr schnell herum und so bekam ich täglich Anfragen aus allen Regionen Deutschlands. Es ging so weit, dass plötzlich auch Anfragen aus Österreich, der Schweiz, Holland und Belgien kamen. Ich war sehr überrascht und freute mich, dass meine Arbeit so gut ankam.

Täglich konnte ich Termine vergeben und vergaß darüber ganz, dass ich nun keine Zeit mehr für andere Dinge hatte. Das musste sich ändern, aber wie sollte ich es anstellen?

Meinen letzten Chat des Tages hatte ich meist um neunzehn Uhr, er dauerte im Schnitt neunzig Minuten, danach musste ich erst einmal meinen Kopf wieder freimachen. Wenn es ein wirklich interessanter Chat war, tauschte ich mich anschließend noch ein wenig mit meiner Frau aus und so ging ich meistens um Mitternacht schlafen. Todmüde fiel ich ins Bett und vergaß sogar immer öfters mein Dankeschön an Patrone.

Sonntags war zwar grundsätzlich mein Ruhetag – keine Botschaften, keine Hilfestellungen –, trotzdem war ich völlig erschöpft und bat eines Abends meinen Patrone um Hilfe. Ich fragte ihn, ob er eine Möglichkeit sehe, mir Energie zu geben, damit ich wieder aus dem Vollen schöpfen könne. Es kam keine Antwort von ihm. Ich drehte mich auf die andere Seite und versuchte zu schlafen.

Plötzlich war ich im Gebirge. Der Ausblick über die Berge war phantastisch: Ein glasklares Bächlein sah man von Weitem, die Wiesen waren saftig grün, ich konnte mich nicht sattsehen an diesem Ausblick. Ich spürte, dass mein Patrone die ganze Zeit hinter mir stand, auch wenn ich ihn nicht sehen konnte.

Ich weiß nicht, wie lange es gedauert hat, bis ich die Stimme von meinem Patrone hörte: „I wüll nimma ..." Es hört sich so komisch an, wenn Engel bayerisch reden, dass ich von meinem eigenen Lachen aufwachte. Frühmorgens war ich topfit und bedankte mich bei Patrone für die schöne „Reise". Ich hatte wieder neue Kraft und Energie, nur durch diese eine Nacht.

Nach drei Tagen fragte ich Patrone abends, ob die Möglichkeit bestünde, mich nochmals auf solch eine Reise mitzunehmen, um Kraft zu tanken. Die Antwort war: „Bin ich ein Reiseveranstalter?" Ich fragte nicht weiter nach, sonst wäre es wieder ein ewiges Hin und Her gewesen, denn Engel haben wirklich Ausdauer, wenn es um Diskussionen geht. Den Dreh, meine Energie zu protokollieren und so mit ihr zu haushalten, hatte ich noch nicht heraus.

Es passierte ein Weilchen später, dass ein Chat einfach nicht funktionierte, wie ich mir das vorstellte. Patrone meinte: „Es war zu viel in letzter Zeit." Nun arbeiteten wir beide an einem Plan, damit ich mich in Zukunft nicht so übernehmen werde. Eine „Jenseitsfabrik" wollte und konnte ich gar nicht sein. Patrone brachte eine sehr gute Möglichkeit ins Spiel, die ich bis heute noch anwende: Ich habe einen ganz normalen Kalender auf dem Schreibtisch liegen. Bekomme ich an einem Tag keine neue E-Mail mit einer Anfrage, kann ich ein X hinter dem letzten im Voraus geplanten Termin machen. Bekomme ich eine neue Anfrage, muss ich ein O für diesen neuen Termin dahintersetzen. Das X steht für „frei" und das O für Termine.

Ich begann am ersten Februar mit dem Führen des Kalenders und musste gleich am ersten Tag ein O eintragen für den ersten Tag im März. Also wusste ich vier Wochen zuvor schon, welche Termine auf mich zukommen und wann ich frei habe. Es funktioniert bis heute super, Samstage und Sonntage lasse ich offen für meine Familie.

Meine Chats liefen prima und die Nachfrage stieg, trotzdem waren immer wieder Tage dabei, an denen keine E-Mail kam und ich ein X machen musste.

In meinem Forum sprachen mich User an, ob ich nicht mal ein Seminar geben möchte, in einem Privathaushalt. Ein Seminar? Was sollte ich denn da erzählen, etwa so einen Vortrag über die geistige Welt halten wie damals in meiner Umschulung? Aber ich fing Feuer und sagte zu. Ich fürchtete mich auch nicht mehr, vor fremden Menschen meine Geschichte zu erzählen oder ihnen Botschaften zu übermitteln. Diesen Zahn zog mir mein Patrone schon vor einiger Zeit und so machten wir Nägel mit Köpfen.

Eine Userin meines Forums war ebenfalls von der Idee, ein Seminar zu veranstalten, begeistert, nur war ihr der Weg vom Ruhrgebiet zu weit und so fragte sie, ob die Möglichkeit bestünde, ein weiteres Seminar auch in Hannover abzuhalten. Kein Problem, antwortete ich ihr, etwas später können wir auch bei ihr eins halten.

Mein erstes Seminar vergesse ich in zweierlei Hinsicht nicht: Es war halt mein erstes überhaupt und ich war schon ein wenig aufgeregt, wie ich damit klarkomme und was mich erwartet.

Das Seminar verlief auch bis auf ein paar kleine Startschwierigkeiten super, es machte mir sehr viel Freude, es zu halten. Der Grund lag an dieser Seminarteilnehmerin, die ich bislang nur übers Forum kannte. Als sie sich dort anmeldete, war sie mir sofort sympathisch, ab dem ersten Moment. Beim Seminar jedoch vertiefte sich das Ganze. Damals wusste ich noch nicht warum: Sie ist meine „Seelenschwester".

Es dauerte ein Jahr, bis ich es wirklich erkannte, sie jedoch spürte es schon vorher, wollte mir aber nichts sagen. Ich sollte wohl selbst darauf kommen. Der Kontakt zu ihr riss nie ab und so kam es, dass sie mich zu sich nach Hause einlud auf Besuch. Meine Frau und meine Tochter wurden natürlich gleich mit eingeladen, um einen Einkaufsbummel durch die Kölner Innenstadt zu unternehmen.

Den Besuch wollte ich auch gleich nutzen, um eine mediale Schreibsitzung zu machen, denn beim Seminar hatte es einfach nicht funktioniert – nicht alle damaligen Beteiligten waren dafür geeignet. Hierbei sollte ich auch meine „Bestätigung" aus der geistigen Welt bekommen ...

So fuhren wir an einem Samstag frühmorgens los. Meine Frau fragte noch, ob ich überhaupt wisse, wo ich hinfahren muss. „Na, nach Kerpen", antwortete ich ihr. „Die Straße finden wir schon."

Meine Seelenschwester hatte mir die Autobahn, die ich nehmen musste, beschrieben, sich aber bewusst mit der innerörtlichen Beschreibung zurückgehalten. Sie war neugierig, ob Patrone mich leiten werde. Aber es war nicht Patrone – ich folgte den roten „Schumi-Fähnchen", die Rainer für mich angebracht hatte, um die Straße und das richtige Haus zu finden. Die Fähnchen, liebe Leser, habe ich nur mit dem geistigen Auge gesehen und Rainer ist der verstorbene Mann meiner Seelenschwester. Er lotste mich punktgenau zum Zielort.

Wir fuhren dann zusammen erst einmal in die Kölner Innenstadt, um den Dom und die Fußgängerzone zu besichtigen – für uns Landmenschen der Horror, so was wie ein echter Kulturschock: Hektische Leute, soweit das Auge reichte, Touristen aus aller Herren Länder und auch im Dom ging es alles andere als andächtig zu.

Meine Frau und meine Tochter betraten ein Geschäft, um ein wenig zu shoppen, und ich wartete draußen mit meiner Seelenschwester. Wir standen ganz dicht an der Mauer, um nicht von den Passanten in den Menschenstrom hineingezogen zu werden. Manche wollten sich sogar zwischen mir und der Mauer „vorbeimogeln", um schneller zu sein als andere. Es war unglaublich, so etwas hatte ich noch nicht erlebt! – Wir freuten uns leise darauf, Köln hinter uns lassen und nach Kerpen zurückkehren zu können.

In den Abendstunden begaben wir uns dann an das mediale Schreiben. Wir setzten uns an den großen Tisch im Wohnzimmer und wollten beginnen. Vorher befestigten wir ein großes Blatt Papier auf der Tischplatte, damit das Schreiben besser funktionieren werde.

Es dauerte keine zwei Minuten und das „Tischlein" bewegte sich heftig hin und her. Die Seele Rainer war anwesend – und hatte zunächst Sonderwünsche. Er wollte partout nicht auf dem Papier schreiben, sondern direkt auf die Tischplatte. Gut – wir nahmen das Papier weg und das „Tischlein" ließ sich fast zwei Stunden Botschaften von Rainer aufs Holz schreiben. Plötzlich blieb es vor mir stehen und fuhr sehr resolut auf und ab.

Wir wunderten uns zunächst darüber und fragten dann nach, ob es noch eine Botschaft für uns habe. Die Antwort kam prompt – es war zu lesen, dass Moni meine Seelenschwester sei. Ich war erst überrascht, aber das erklärte nun einiges: zum Beispiel warum wir uns so blind verstanden.

Obwohl wir fast siebenhundert Kilometer auseinanderwohnen, wusste jeder, wann der andere eine E-Mail schrieb, und lief automatisch zum PC. Auch wenn es einem schlecht ging, wusste einer vom anderen. Ich hatte eine im Jenseits „verwandte" Seele gefunden – Moni hat seitdem ein paar tiefe Kratzer in der Tischplatte, über die sie aber höchst erfreut ist.

Am nächsten Tag fuhren wir wieder nach Hause, die Sache beschäftigte mich schon noch eine Zeitlang.

Moni hatte mir erzählt, dass sie einige Zeit vorher bei einer speziellen Rückführung gewesen sei und dass sie mich schon damals in Hypnose gesehen habe – im Leben zwischen den Leben, also im Jenseits –, als sie in einer Szene am Feuer gesessen hatte. Ich war total fasziniert, als ich das erfuhr.

Bis zum heutigen Tag sind wir sehr eng verbunden, sie kommt immer gerne nach Waldsassen und wir verbringen alle gemeinsam schöne Stunden am Lagerfeuer, welches wir vorerst aber im Garten entzünden ...

Mit Hochspannung fieberte ich dem zweiten Seminar entgegen, was mich dort wohl erwarten würde? So fuhr ich nach Hannover zu Claudia. Ich hatte bereits vorher für sie einen Jenseitskontakt mit ihrem verstorbenen Partner gemacht.

Angekommen in Hannover, bat mich Claudia herein und wir redeten anfangs über ganz banale Dinge. Sie fragte mich dann, ob ich mal in den Keller gehen möchte, wo ihr Lebenspartner verstorben war. Wir hätten noch genug Zeit, bevor die anderen Teilnehmer kamen.

Ich kannte die Todesursache durch den Jenseitskontakt, doch als ich die Kellertreppe hinunterging, fühlte ich es ganz anders als im Chat, noch intensiver. Ich betrat den Raum und sah alles, wie es vor der Renovierung ausgesehen hatte: wo die Couch damals stand, das Mischpult, einfach alles. Ich beschrieb es Claudia und sie nickte nur. Ich sah sogar, in welchen Farben die Wände vorher gestrichen waren, obwohl in dem Raum zu diesem Zeitpunkt nichts mehr so war wie vorher. In der Mitte des Raums sah ich eine E-Gitarre von Silvio mit einer Rose. Silvio spielte zu Lebzeiten begeistert Gitarre. Ich konnte Claudia dann gezielte Antworten auf ihre Fragen, die sie noch hatte, geben.

Beim Seminar selbst saß ich an einem Treppenaufsatz im Wohnzimmer und stellte Kontakte zu Engeln und Seelen her.

Zum Schluss kam nochmals Silvio von hinten an mich heran und ich hörte, wie er die Saiten seiner Gitarre zupfte. Ich bat Claudia, sich neben mich zu setzen, um zu lauschen. Ich summte ihr den Rhythmus vor. Zum Singen konnte mich Silvio allerdings nicht bringen, obwohl er sich dies mit Nachdruck wünschte. Ich wollte die Teilnehmer durch meinen Gesang ja nicht in die Flucht treiben!

Claudia erkannte das Lied sofort, denn sie hatte sehr gerne mit Silvio zusammen gesungen.

Das waren die zwei Seminare, die mich bis heute geprägt haben.

Mittlerweile war es Sommer geworden und meine Termine waren zwei Monate im Voraus fest verplant. Hatte ich ein wenig mehr Zeit oder kam eine Absage, kümmerte ich mich um mein Forum: Dort sind eine Menge Trauernde, die sich untereinander austauschen und Trost von Menschen erhalten, die dasselbe durchgemacht haben.

Trauer soll man nicht verdrängen, sie ist legitim und muss sogar ausgelebt werden.

Es fanden immer mehr Hilfesuchende den Weg in mein Forum. Eines Tages meldete sich eine Frau mit dem Namen Shadowlight an. Sie interessierte sich sehr für das Thema „Tod und Geister". So kam ich auch mit ihr ins Gespräch. Sie berichtete mir, dass sie Bandleader der Gruppe „Ghosthunters Bayern" ist. Ghosthunters? Hier in Deutschland und dann auch noch in Bayern? Anfangs glaubte ich das gar nicht, doch meine Neugierde war geweckt – mal wieder.

Paranormale Erscheinungen sind wie ein Magnet für mich, schon als Jugendlicher habe ich Dinge gesehen, die unglaublich schienen. Shadowlight berichtete mir von Fällen, die sie mit ihrer Gruppe schon erlebt hatte, vieles davon war erklärbar und auf natürliche Ursachen zurückzuführen. Doch einen aktuellen Fall konnte sie sich nicht erklären: So fragte sie mich, ob ich nicht mal Lust habe, nach Passau zu kommen, wo ein junges Paar Hilfe sucht. Sie schilderte mir den Fall und ich entschloss mich kurzerhand, dort hinzufahren, um mich mit den Ghosthunters und dem hilfesuchenden Paar zu treffen.

In Passau wartete das Team schon auf mich und wir verstanden uns auf Anhieb sehr gut.

Wir betraten das Haus des Paares, welches schon ganz aufgeregt auf uns wartete. Es erzählte mir, dass Gegenstände herunterfielen, Dinge verschwinden würden, es kalten Luftzug verspüre und so weiter. Die Ghosthunters versicherten mir, dass sie mit ihren Geräten keine rationale Erklärung dafür gefunden hätten. Also begann ich, die Wohnung einmal abzugehen, um nachzuspüren, ob ich jemanden aus der geistigen Welt finden könne, der mir eine Erklärung für diese Geschehnisse geben werde.

Es dauerte eine Zeitlang, bis ich mit meinem geistigen Auge einen Herrn sah, der in einem Holzregal irgendetwas suchte. Der Geist ignorierte mich und meine Fragen zunächst. Ich erzählte währenddessen den anderen Anwesenden, was ich sah und fühlte. Ich sagte dem Paar und den Ghosthunters, dass es sich hier um ein altes Bahnhofsgebäude handele.

Der Geist trug auch eine dunkle Uniform mit vielen Knöpfen. Ich fragte ihn, was er denn hier mache, und bekam zur Antwort, er arbeite hier. Ich drängte mich nicht auf und beobachtete ihn nur. Plötzlich erzählte er mir, dass ein

Bewohner dieses Hauses letzte Woche sehr starke Zahnschmerzen gehabt habe. Ich gab die Botschaft an das Paar weiter und der junge Mann hob seine Hand und sagte: „Ja, das war ich."

Ich widmete mich wieder dem Geist und fragte, warum er denn noch hier sei:

Roland: Was suchst du denn?

Geist: Ich suche meine Tasche.

Roland: Deine Tasche! Wozu brauchst du deine Tasche und warum ist sie so wichtig für dich?

Geist: Da befinden sich mein Abendessen drin und mein Bier, das mir meine Frau mitgegeben hat.

Roland: Kann ich dir helfen? Wie sieht deine Tasche denn aus?

Geist: Es ist eine braune Ledertasche, früher war sie mal die Schultasche meines Buam. Sie ist sehr wichtig für mich!

Roland: Hast du sie hier im Gebäude vergessen?

Geist: Ich glaube schon.

Roland: Was ist passiert, dass du deine Tasche vergessen konntest?

Geist: Ich musste zu den Schienen, etwas kontrollieren bei der Weiche, plötzlich war alles anders.

Roland: Was ist passiert?

Geist: Ich war verspätet und musste mich beeilen, ich stolperte und stürzte auf die Schienen … Der Zugführer sah mich zu spät.

Roland: Ich helfe dir, deine Tasche zu finden.

Ich erzählte alles, was ich gesehen und gefühlt hatte, und bat das junge Paar, sich eine braune Schultasche zu besorgen und sie drei Tage offen im Zimmer liegen zu lassen, damit der Geist sie sehen könne. Danach müsse der Spuk vorbei sein und der Geist könne ins Jenseits gehen.

So fuhr ich zurück in die Heimat – ich war sehr beeindruckt von den Ghosthunters. Ich bat sie, mir von dem Ergebnis zu berichten: Das junge Paar kaufte eine Tasche und legte sie an die Stelle, die ich ihnen vorher gezeigt hatte. Nach vier Tagen war der Spuk vorbei, der Geist konnte loslassen und war zufrieden mit sich selbst.

Und genau an dieser Stelle möchte ich jetzt das Kapitel „Leben mit der Gabe" kurz unterbrechen und auf das Thema „Spuk und dessen vermeintliche Austreibung" eingehen.

Es ging ein Aufschrei durch das World Wide Web, als ich mich auf meiner Homepage von „Housecleaning" – Hausreinigung – durch ein Medium distanzierte. Dieser Schrei ging in der Tat bis nach Amerika. Diese Zeilen möchte ich euch nicht vorenthalten:

„Ich distanziere mich ausdrücklich von folgenden Angeboten und möchte Euch bitten, vorsichtig beziehungsweise skeptisch zu sein, wenn Euch solche oder ähnliche Versprechungen gemacht werden: Vorabcheck, ob die Seele erreichbar ist – gegen Bezahlung. Das Versprechen, die Seele aus dem sogenannten Geistergürtel, der Erdgebundenheit, zu befreien, insbesondere das Angebot, wenn es beim ersten Versuch nicht klappt, es wieder zu versuchen, natürlich gegen erneute Bezahlung, ist unreell.

Kein Medium ist fähig, eine Seele zu befreien, es kann ihr nur raten, von sich aus ins Licht zu gehen. Ausschlaggebend ist der freie Wille der Seele, nicht der des Mediums.

Vorsicht, wenn viele Vorabinformationen verlangt werden wie Geburtsdatum und -ort, Sterbedatum, Todesursache, Fotos und so weiter. Ein seriöses Medium benötigt von Dir keinerlei Infos und will sie auch nicht, um nicht beeinflusst zu werden. Sein Anliegen ist, Dir einen echten ‚Beweis' zu liefern, dass Deine Lieben weiterleben und um Dich sind. ‚Housecleaning' –

das Versprechen einer ‚Hausreinigung‘ von ‚Poltergeistern‘, erdgebundenen Seelen und so weiter: Hier gilt dasselbe, wie schon erwähnt, ein Medium kann nur raten oder bitten, ins Licht zu gehen, aber niemals zwingen oder vertreiben.

In verschiedenen Foren war ich nun Zielscheibe von Extremesoterikern, die eine Menge Geld mit den Hausreinigungen machen. Sie vertrieben angeblich Geister mit Duftkerzen und Räucherwerk. Von zweihundertvierzig bis vierhundert Euro kostete der Spaß, die Geister zu vertreiben. Reinste Abzocke – und dies wollte ich öffentlich machen, damit man nicht in so etwas hineinrutscht.

Viele ‚Medien‘ trumpften nun mit Urkunden und Kursen auf, um zu zeigen: Wir haben etwas Schriftliches in der Hand. Da musste ich natürlich passen, liebe Leser und Leserinnen. Ich besitze keine Urkunde von irgendeinem Guru und habe auch, wie manche, keine schnellen Wochenendseminare besucht. Mein Lehrmeister *war* und *ist* mein Patron und ich lerne von ihm so schnell oder langsam, wie er es für angebracht hält.“

Natürlich möchte ich damit nicht behaupten, dass es nicht auch seriöse Kurse zur Entwicklung der eigenen Medialität – so sie denn vorhanden ist – gibt, meist durchgeführt von anerkannten Medien.

Ich wollte nun aber trotzdem eine Urkunde von meinem Patron haben und bat ihn deshalb darum. Er sagte nur: „Roland, du bekommst eine Urkunde von uns, demnächst beim medialen Schreiben.“ Er malte mir bei dieser Sitzung einen Männerkopf, der seine Zunge rausstreckt – mit dieser Urkunde könne ich nun „angeben“, meinte er ...

Medialität ist kein Handwerksberuf wie der Dachdecker oder Bäcker ... Wenn man einen bestimmten „göttlichen Funken“ – die Bestimmung oder Berufung oder Gabe – nicht in sich hat, kann man sie nicht lernen und sich auch nicht zum Medium ausbilden lassen. Den „göttlichen Funken" hat natürlich jeder in sich auf die eine oder andere Weise – es muss aber nicht der Funken für „Medialität" sein, es gibt so viele andere Begabungen. Irgendwelche Prüfungsurkunden sind für ein Medium nicht relevant, es sollte nur das Ergebnis für die Hilfesuchenden für sich sprechen.

Jeder mediale Mensch entwickelt sich weiter durch die Hilfe der geistigen Welt, so er denn in ihrem Sinne arbeitet. Kommerz gehört nicht dazu, denn die geistige Welt hat nichts mit materiell-menschlichen Denkweisen zu tun. In allererster Linie ist es die Liebe der Allmacht, des Gottes, die uns die geistige Welt vermitteln will. Und diese muss auch ein medial arbeitender Mensch in sich spüren, um Hilfe geben zu können.

Kommen wir zurück zu meiner Gabe und wie es weiterging: Ich besuchte das Forum der Ghosthunters Bayern, lernte dort die verschiedensten Menschen und Ghosthunter-Gruppen kennen und war verwundert, dass es so viele gibt in Deutschland. Dort las ich von sehr vielen Spuk-Ereignissen, die meisten Spuk-Vorkommen kamen aus Nordrhein-Westfalen. Auch dort war eine Ghosthunter-Gruppe vertreten.

Wir tauschten uns aus, sie erzählten von ihren Fällen. Es entwickelte sich eine Freundschaft quer durch das Bundesgebiet mit verschiedenen Ghosthunters, die nun auch mein Forum besuchten, um ihre Sensitivität ein bisschen zu intensivieren.

So zogen die Tage ohne nennenswerte Begebenheiten ins Land, der Chat war immer noch gut besucht. Ich war im August über drei Monate im Voraus ausgebucht, meinen letzten vereinbarten Chat sollte ich Ende November haben.

Plötzlich kamen keine Anfragen mehr, nach fünf Tagen immer noch keine Mail. Ich machte mir zunächst keine

Gedanken, sondern rechnete mit einer kleinen Auszeit. Erst nach zwei Wochen wurde ich stutzig und dachte zuerst, meine Mail-Adresse funktioniere nicht mehr. Ich schrieb meinen Admin an, ob da alles okay sei. Es gebe keine Probleme, bekam ich zur Antwort.

Gespräch sieben mit Patrone:

Roland: Was ist denn los bei euch, Patrone? Habe ich einen Fehler gemacht?
Patrone: Nein, alles okay.
Roland: Alles in Ordnung? Da stimmt doch was nicht.

Leider bekam ich keine Antwort auf meine weiteren Fragen und so vertraute ich ihm einfach weiter wie bisher.

Nach circa sechs Wochen mailfreier Zeit bekam ich eines Tages doch eine Nachricht, von einem großen deutschen Privatsender, der mit mir drehen wollte.

„Oh, mein Gott!" Ich lief zu meiner Frau und schrie sie förmlich an: „Schau dir die Mail an, schau dir die Mail an!" Das war also der Grund für meine lange Auszeit. Zwei Monate, die ich anders nutzen sollte – so dachte ich zumindest.

Meine Kreuzchen für freie Tage häuften sich, von Ende November bis zum fünfzehnten Januar. Ich war nervös und wusste nicht, was ich tun soll. Mit einem Fernsehteam zu drehen – unglaublich ...

Gespräch acht mit Patrone:

Roland: Das war also der Grund für die Auszeit, Patrone?
Patrone: Nein, leider nicht, Roland.
Roland: Na, was jetzt?

Patrone: Brauchst du so eine lange Auszeit, damit du deine Arbeit im Fernsehen zeigen kannst?

Roland: Eigentlich nicht, da hast du Recht, aber vielleicht, weil ich so angespannt bin in der Zeit vor dem Dreh und danach?

Patrone: Nein, du brauchst die Zeit für etwas anderes.

Roland: Okay, ich lasse mich überraschen, Patrone, aber das mit dem Fernsehen ist der Burner hoch drei ...

Patrone: ...

Ich bekam eine E-Mail von dem Sender, dass die Dreharbeiten für einen Bericht im Mittagsmagazin am sechsten Dezember beginnen werden. Es war alles geklärt und es sollten noch zwei Wochen folgen bis zum Drehbeginn.

Die Tage vergingen wie im Flug und ich wurde immer nervöser. Ich, der Roland, vor einer Kamera – ja Wahnsinn! Meine Vorfreude wurde größer, die Nervosität langsam weniger – als ich einen Anruf vom Krankenhaus bekam: meinem Vater gehe es schlecht.

Ihm musste ein paar Tage zuvor aufgrund seines Diabetes ein Zeh amputiert werden. Meine Vorfreude auf den TV-Dreh verwandelte sich in Sorge um meinen Dad. Ich besuchte ihn und war schockiert: Er sah sehr schlecht aus und der Arzt machte mir wenig Hoffnung. Ich rief meine Frau an, dass ich in dieser Nacht bei Dad im Krankenhaus bleiben werde, damit er nicht allein sei. Meine Schwester komme frühmorgens und wir können uns abwechseln.

Als meine Schwester am nächsten Morgen kam, tauschten wir uns kurz aus und ich fuhr nach Hause. Mein Bruder wollte nachmittags kommen, um sie abzulösen. Um es kurzzufassen: Mein Dad nutzte genau die dreißig Minuten, die er allein war, um nach Hause zu gehen in unser aller Heimat.

Er verstarb am neunundzwanzigsten November zweitausendundzehn, eine Woche vor den geplanten

Dreharbeiten und genau an dem Tag, an dem meine Auszeit begann. Welch eine Ironie – aber Patrone wusste es ja im Voraus.

Den Drehtermin sagte ich ab.

Nun werden sich manche Leser denken, für ein Medium dürfe das doch kein Problem sein, es könne ja jederzeit mit seinen lieben Verstorbenen sprechen, wenn es das möchte. Falsch, ich trauerte genau wie jeder andere Mensch auch – den Verlustschmerz hatte ich ebenso wie alle anderen.

Die Trauerphase war jedoch wesentlich kürzer, bedingt durch mein Wissen um die geistige Welt. Als Medium habe ich ansonsten genauso solche Probleme wie jeder andere Mensch, meine Seele muss ebenfalls die verschiedensten Erfahrungen machen und dazu gehören auch Trauer und Verlust.

Meine Geschwister und ich trafen uns im Krankenhaus, um Abschied zu nehmen. Auch mir liefen die Tränen übers Gesicht, ich hätte losheulen können, aber ich wollte Dad zeigen, dass ich „stark" bin.

Nach dreißig Minuten verließen wir das Zimmer und ich bat meine Geschwister, mich noch mal mit Vater alleine zu lassen. Ich setzte mich neben ihn, streichelte seine Hand und schwieg. Nach ein paar Minuten stand ich auf, streichelte ihm über den Kopf, gab ihm nochmals einen Kuss und wünschte ihm eine schöne Heimreise. Dann ging ich hinaus und wir fuhren nach Hause.

Jeder weiß, was nach einem Ableben eines Familienmitgliedes auf einen zukommt: Behördengänge, Bestatter konsultieren, die Beisetzung organisieren und, und, und ...

Am Abend setzte ich mich auf die Couch und verarbeitete langsam den ganzen Tag. Plötzlich und unerwartet hörte ich eine weibliche Stimme, die zu mir sagte: „Dein Papa ist gut angekommen."

„Wer bist du?", fragte ich die Frau.

„Ich bin Lea, die erste Frau deines Vaters."

„Geht es ihm gut?"

„Ja, ihm geht es sehr gut."

Das beruhigte mich wirklich ungemein, doch schon schossen mir erneut die Tränen in die Augen. Aber jetzt freute ich mich für Dad, dass es ihm endlich wieder gut ging nach sechs Jahren Demenz und anderen Erkrankungen. Nach einer Woche fühlte ich mich besser und ich nahm die Arbeit im Forum und die Beantwortung der Mails wieder auf.

Eines Tages bekam ich eine E-Mail von den Ghosthunters Nordrhein-Westfalen, die ich mittlerweile ja auch kannte. Sie fragten, ob ich nicht Lust habe, nach Bochum zu kommen wegen eines interessanten Falles von Spuk. Es werde ein großer Fernsehsender dabei sein, der auch die Reisekosten übernehme. Ich willigte ein für die Dreharbeiten am sechsten Januar.

Die Ghosthunters wollten mir zunächst sämtliches Material zuschicken, alles, was sie beim ersten Treffen mit der Klientin erlebt und gemessen hatten beziehungsweise die Klientin berichtete. Ich antwortete aber: „Ich brauche keinerlei Informationen von euch." Ich wollte unvoreingenommen an die Sache herangehen.

Am nächsten Tag flatterte die Bestätigung vom Sender in mein Mailfach. Der Sender buchte für mich die Zugfahrt im ICE und die Übernachtungen in Köln, direkt am Dom.

Am Vortag der Dreharbeiten ging meine Reise los, ich war total aufgeregt und begeistert von diesem Angebot, überhaupt einmal bei Dreharbeiten dabei sein zu dürfen. Die Redakteurin holte mich am Kölner Bahnhof ab und fuhr mit mir zunächst in die Schaltzentrale der Ghosthunters. Wir redeten ein wenig über die geistige Welt und sprachen den geplanten Dreh durch.

In dieser Nacht konnte ich vor Aufregung nicht besonders gut schlafen. Ich wälzte mich von einer Seite auf die andere und rauchte eine Menge Zigaretten, bis mich schließlich die Müdigkeit übermannte.

Am nächsten Morgen ging es los zu der Klientin in Bochum. Wir betraten die Spuk-Wohnung, in welcher der Kameramann, der Tontechniker und die Redakteurin schon bereitstanden. Es dauerte etwa eine Stunde, bis die Dreharbeiten mit den Ghosthunters zum größten Teil abgeschlossen waren. Dann wandte sich die Redakteurin an mich: „Roland, es geht los!" Mir rutschte das Herz in die Hose und ich fühlte mich wie ein Achtjähriger bei der Kommunion. An Kameras während meiner Arbeit war ich nicht gewöhnt.

Der Tontechniker knipste mir ein Mikrophon ans Hemd, den Sender musste ich in die Hosentasche stecken. Los ging's …

Ich schritt durch die Wohnung und fühlte mich in die Atmosphäre ein. Im ersten Raum konnte ich nichts erkennen oder erfühlen, ging langsam in den Flur und spürte ein Wesen – es war aber nicht dort, sondern in einem Nebenraum. Der Kameramann stoppte mich kurz, um die Einstellung zu ändern, danach ging ich schnurstracks in das Zimmer. Die Besitzerin der Wohnung begleitete mich.

Ich sah jetzt ein kleines Mädchen herumlaufen und beschrieb, wie es aussah. Meine Begleiterin brach spontan in Tränen aus – ihre Tochter hatte den Geist genau dieses Mädchens mehrmals wahrgenommen und der Familie war es seitdem unheimlich in der Wohnung.

Der Kameramann wollte mich wieder stoppen, um erneut eine andere Einstellung zu erhalten. Das war aber in diesem Moment nicht möglich – ich machte weiter, um das Mädchen nicht zu verlieren.

Es rannte plötzlich um ein Taufbecken mitten im Zimmer herum. Als ich dies erzählte, schauten mich die Wohnungsbesitzerin und die Redakteurin verdutzt an. Die Nachforschungen letzterer hatten nämlich ergeben, dass früher an diesem Platz eine Kirche gestanden hatte, die in späteren Jahren zu einem Haus mit Wohnungen umgebaut worden war. An dem Haus selbst erkannte man nicht das kleinste Detail, welches an eine Kirche erinnerte.

Wir setzten uns mit der Bewohnerin ins Wohnzimmer und ich erklärte ihr, was es mit dem Spuk auf sich habe und wie sie die Sache lösen könne. Morgens um vier fiel ich todmüde in mein Hotelbett und trat gegen acht Uhr meine Heimreise an.

Es war sehr interessant, mal einen Kameradreh zu machen – dass es nicht mein letzter sein sollte, wusste ich zu diesem Zeitpunkt noch nicht.

Es vergingen ein paar Tage, bis die Redakteurin anrief: „In einer Stunde beginnt die Ausstrahlung im Mittagsmagazin." Ich rief zu meiner Frau: „... es ist so weit, schalt RTL ein!"

Wir schauten ganz aufgeregt auf den Bildschirm. Plötzlich wurde der Beitrag unterbrochen und die Moderatorin verkündete, den zweiten Teil sehen die Zuschauer am nächsten Tag – der Sender machte es wirklich spannend! Wieder wurde ich nervös und hibbelig, ich wollte die Fortsetzung zunächst gar nicht anschauen – es ist komisch, sich selbst im Fernsehen zu sehen.

Am nächsten Tag fasste die Moderatorin zusammen, was bisher geschehen war und kündigte an: „Heute wollen wir mal unsere Spezialisten den Fall durchleuchten lassen und schicken ein Medium nach Bochum."

Oh, mein Gott, jetzt war es so weit! Ich hatte plötzlich vor Aufregung so viel Hitze in mir, dass ich meine ganze Heimatstadt hätte in Brand setzen können, doch schon flimmerte ich vor vier Millionen Zuschauern über den Bildschirm.

Der Beitrag war super und meine Nervosität umsonst, es gefiel mir sehr, wie sie ihn zusammengestellt hatten.

Gespräch neun mit Patrone:

Patrone: Na, Roland?
Roland: Super, Patrone, ich danke euch für diese Chance, die ich bekommen habe, man kann es kaum glauben!
Patrone: Es freut uns, wenn du zufrieden bist, denke aber daran, *du bist ein Mittler* zwischen den Welten und kein Ghosthunter.
Roland: Niemals werde ich das vergessen oder davon abkommen. Patrone, aber du weißt: Paranormale Dinge faszinieren mich halt ...

Nun kamen noch mehr Mails hereingeflattert und ich hatte schon ein wenig zu kämpfen mit so vielen Fragen und Feedbacks.

Am Ende dieses Buches sind die am häufigsten gestellten Fragen zusammengefasst und ausführlich von mir beantwortet.

Auch diesen Chat möchte ich, bevor ich zu einem anderen Thema komme, noch wiedergeben:

Roland: Hallo, Steffi, schön, dass du da bist.
Steffi: Huhu, Roland, ich fieberte schon seit Wochen auf diesen Termin und bin ein wenig aufgeregt.
Roland: Nein, musst du nicht, bleib ganz entspannt.
Steffi: Ist nicht so leicht.
Roland: Das machen wir schon, mach dir keine Gedanken.
Steffi: Danke, das ist lieb.

Roland: So, liebe Steffi, wie kann ich dir helfen?

Steffi: Ich möchte gerne Kontakt aufnehmen zu einer Seele.

Roland: Kein Problem, gib mir bitte nur den Vornamen der Seele, das reicht mir vollkommen.

Steffi: Der Name ist auch Steffi.

Roland: Danke, gib mir bitte ein paar Sekunden.

Steffi: Gerne.

Roland: Okay, Steffi, los geht's. Du kannst mich jederzeit unterbrechen, wenn etwas unklar ist, okay?

Steffi: Ja.

Roland: Ich stehe jetzt an einem Radweg, der geradeaus geht, ich sehe keine Kurve, nur Wiesen und Blumen. Ich bin alleine und kann niemanden sehen. Es ist aber schön warm und die Sonne scheint. Der Radweg führt weit hinten in einen Wald, jetzt sehe ich zwei Frauen auf mich zukommen.

Steffi: Zwei?

Roland: Sie kommen von der unteren Straße hoch, ja, es sind zwei Frauen.

Steffi: Wie sehen sie aus?

Roland: Ich beschreibe sie dir, wenn sie ein wenig näher gekommen sind, die beiden sind noch etwas von mir entfernt.

Steffi: Okay.

Roland: Sie gehen beide Hand in Hand den kleinen Berg hoch, direkt auf mich zu. Ich begrüße sie und die beiden lächeln. Es ist eine ältere Frau und eine junge Frau, ich schätze sie auf dreiundsiebzig und neunzehn Jahre. Das junge Mädchen hat schwarze glatte Haare bis zur Schulter und ist sehr schlank, die ältere Frau hingegen ist sehr groß und trägt kurzes Haar, sie wirkt ein bisschen, als wenn sie von den beiden das Kommando habe. Ich frage, wer von ihnen Steffi ist. Die junge Frau nickt und gibt mir ein sehr starkes Gefühl von Liebe zur Mutter. Steffi ist deine Tochter, nicht wahr?

Steffi: Ja – und was will die andere Frau da?

Roland: Kann ich dir noch nicht sagen, einen Moment.

Steffi: Wie geht's ihr jetzt?

Roland: Die andere Frau, liebe Steffi, gibt mir ein starkes Muttergefühl zu dir.

Steffi: Meine Mutter ist bei ihr?

Roland: Es ist die Oma von Steffi, also deine Mutter, euch drei verbindet etwas sehr Inniges.

Roland: Ja, es ist deine Mutter.

Steffi: Schön und unglaublich.

Roland: Wir gehen jetzt einen Hang hinunter, deiner Tochter geht es sehr gut, sie bereut, was für einen Schmerz sie dir zugefügt hat, es tut ihr sehr leid. Sie gibt mir jetzt ein sehr starkes Schwindelgefühl und ich bekomme sehr starke Schmerzen im Bauch. Ich bitte Steffi, mir das nicht mehr zu zeigen. Wir stehen jetzt an einer Straße, die durch einen Wald führt. Rechts von mir ist Wiese und links von mir geht es eine kleine Böschung hinauf. Ich sehe jetzt ein Licht brennen an der Böschung.

Roland: Steffi, bist du noch da?

Roland: Steffi?

Steffi: Entschuldige, ich habe mir ein Taschentuch holen müssen.

Roland: Gib mir Bescheid, wenn du abbrechen möchtest oder es für dich zu emotional wird, wir können gerne noch einen Termin machen, das ist wirklich kein Problem.

Steffi: Nein, bitte nicht!

Roland: Ich frage, was hier passiert ist.

Roland: Hm, ich sehe zwei Autotrümmer liegen, bei einem Auto erkennt man noch die Farbe, es ist ein gelbes Auto, leider erkenne ich die Marke nicht.

Steffi: Zwei Autos?

Roland: Ja, eines liegt oben an einem Baum und das andere liegt unterhalb der Straße.

Steffi: Es war ihr Auto, Roland, es zerbrach durch die Wucht in zwei Teile.

Roland: Das zweite Auto erkenne ich leider nicht, es ist alles schwarz.

Roland: Auweia!

Steffi: Warum ist sie gegen den Baum gefahren? Ist ein Tier über die Straße gelaufen oder ein anderes Auto gekommen?

Roland: Nein, Steffi, ich bekomme jetzt wieder den Schwindel, es fühlt sich an, als wenn ich stark betrunken wäre und sich alles dreht.

Steffi: Also doch, ich wollte es nicht wahrhaben, dass meine Tochter Drogen genommen hat, die Obduktion ergab aber, dass sie unter Drogeneinfluss gefahren ist.

Roland: Darf ich dich etwas fragen, liebe Steffi?

Steffi: Ja.

Roland: War deine Mutter auch mit im Auto?

Steffi: Nein, meine Mutter verstarb vor fünf Jahren.

Roland: Danke.

Roland: Machen wir weiter?

Steffi: Ja, bitte.

Roland: Deine Tochter zeigt mir, dass du sehr oft an die Unfallstelle fährst, du zündest immer eine Kerze an, ich sehe aber auch, dass manchmal noch drei Jugendliche dabei sind.

Steffi: Es sind ihre besten Freunde gewesen, sie begleiten mich sehr oft, das hilft mir sehr.

Roland: Die drei haben das Holzkreuz gebastelt, es nicht geleimt oder genagelt, sondern mit einer Schnur verbunden.

Roland: Ich muss jetzt ein wenig schmunzeln wegen deiner Tochter, ich schreibe dir wortwörtlich, was sie sagt: „Meine Freunde, Roland, sind Freaks."

Roland: Wie meinst du das?

Steffi: Nur Bio und alles ökologisch abbaubar, sie nehmen keinen Kleber, denn der ist giftig. Sie gingen in den Wald, um

Äste zu suchen für das Kreuz, sie suchten fast einen ganzen Tag lang, um die „richtigen" zu finden. Es würde mich nicht wundern, wenn sie mal mit Rastazöpfchen kommen.

Roland: Ich muss lachen.

Steffi: Du lachst, Roland, es war furchtbar, wenn sie auf ihrem Ökotrip waren und ich dabei gewesen bin.

Roland: Zitatende.

Steffi: Roland, darf ich das ihren Freunden zeigen? Sie würden mir das sonst nie glauben.

Roland: Kein Problem, ich kopiere dir den gesamten Chat am Ende und schicke ihn dir per Mail zu.

Steffi: Danke schön, lieber Roland, das ist sehr lieb von dir.

Roland: Kein Ding, mache ich gerne.

Roland: So, machen wir weiter: Ich soll dir sagen, dass sie dich sehr lieb hat und sie möchte dir danken für alles, was du für sie getan hast. Die Musik am Grab hat ihr auch sehr gefallen, auch wenn es dir die Haare aufgestellt hat. Sie sagt, dass sie sehr oft in deiner Nähe ist. – Ich sehe jetzt einen hellbraunen Stuhl, die Armlehnen sind ein wenig abgenutzt und sehen dunkler aus. Sie sagt, er gehörte mal Oma.

Steffi: Stimmt total ...

Roland: Ich soll dich auch herzlich grüßen von deiner Mum, sie ist jetzt bei Steffi und passt auf, du brauchst dir keine Sorgen machen.

Steffi: Das war meine größte Sorge, Roland, dass meine Tochter festhängt im Geistergürtel und den Weg nicht findet wegen der Drogen.

Roland: Da brauchst du dir keine Sorgen machen, liebe Steffi, deine Tochter fand den Weg sofort dorthin.

Steffi: Das beruhigt mich sehr.

Roland: Sie zeigt mir jetzt ein Bild von einem großen Sandkasten, er ist wirklich sehr groß, und Steffi krabbelt den Sandberg hoch, um darauf zu spielen.

Steffi: Steffi hatte keinen Sandkasten in diesem Sinne, mein Mann hat ein Bauunternehmen und im Hinterhof liegt immer viel Baumaterial.

Roland: Vielleicht meint sie so einen Sandhaufen.

Steffi: Ja, das kann sein. Roland, sie betont, du sollst dir keine Sorgen mehr machen um sie, sie wird die Erste sein, die dich empfängt am Tor zum Paradies.

Steffi: Mir kullern die Tränen runter.

Roland: Nicht traurig sein, Steffi, freu dich, dass deine Tochter so präsent ist und ich sie klar sehen und hören kann.

Roland: Steffi, sie möchten sich verabschieden von dir und mir.

Steffi: Jetzt schon?

Roland: Leider, Steffi, meine Energie ist nur begrenzt und die Zeit vergeht wie im Fluge.

Steffi: Schade.

Man liest so einen Chat in fünf Minuten, in Wirklichkeit aber dauert er zwischen sechzig und neunzig Minuten. Wie schon erwähnt: Nicht immer funktioniert es. Die Gründe dafür möchte ich noch einmal wiederholen:

Ich als Medium bin wie ein Radioempfänger, der einen bestimmten Sender eingestellt hat, die Seele sendet auf einer Frequenz, die ich empfangen kann. Sendet nun eine Seele auf einer ganz anderen Frequenz, kann ich diese nicht hören und somit auch keine Botschaften übermitteln.

Kein seriöses Medium wird eine Garantie geben, dass ein Jenseitskontakt auch zustande kommt.

Beim nächsten Chat zeige ich euch mal, was man als Medium so alles zu hören bekommen kann:

Roland: Hallo, Gabi, schön, dass du gekommen bist.

Gabi: Hallo, Roland, ich freu mich schon riesig darauf.

Roland: Wir gehen jetzt gleich in den Privatbereich des Chats, damit wir alleine sind und nicht gestört werden von den anderen Usern im Raum.

Gabi: Okay.

Roland: So, liebe Gabi, mit wem möchtest du Kontakt aufnehmen?

Gabi: Mit Ramona.

Roland: Danke, gib mir bitte ein paar Sekunden, um Ramona zu finden.

… nach circa einer Minute …

Roland: Gabi, ich kann nichts hören.

Gabi: Warum?

Roland: Besteht die Möglichkeit, dass Ramona erst vor Kurzem verstorben ist?

Gabi: Nein, sie ist vor drei Jahren verstorben.

Roland: Okay, ich versuche es noch mal ...

Gabi: Soll ich dir sagen, wer Ramona ist?

Roland: Nein, brauchst du nicht.

… nach zwei Minuten Abbruch ...

Roland: Gabi?

Gabi: Ja?

Roland: Es tut mir leid, ich kann keinen Kontakt zu Ramona aufbauen.

Gabi: Warum nicht?

Roland: Die Gründe können unterschiedlich sein, entweder bin ich der falsche Ansprechpartner als Medium oder Ramona ist auf einer Frequenz, die ich nicht hören kann.

Gabi: Ich habe mich so darauf gefreut, versuche es nochmals, sie ist meine Mutter.

Roland: Ich kann niemandem eine Garantie geben, liebe Gabi, das schreibe ich auch immer in die Mail mit dem Termin.
Gabi: Ich habe jetzt so lange gewartet wegen des Termins und jetzt geht es nicht?
Roland: Leider nicht, ich kann es auch nicht ändern.
Gabi: Du bist kein Medium, du verarschst die Menschen nur!
Roland: Warum sollte ich das tun?
Gabi: Ich suche mir ein Medium aus England, die sind viel besser als du Spinner!
Roland: Warum hast du das denn nicht gleich gemacht?

Gabi verlässt den Chat …

Sie ereiferte sich dann in einem anderen Jenseitsforum mit bitterbösen Beiträgen über mich ..., na ja ...

So kann es halt gehen und da muss man einfach darüber stehen. Ich verstehe allerdings nicht, warum manche Menschen wütend oder beleidigend werden in solch einer Situation. Es klappt eben nicht bei jedem, bei hundert Jenseitskontakten sind circa fünfzehn dabei, wo es nicht funktioniert.

Eines Tages bekam ich Post vom Nachlassgericht. Es ging um das Erbe meines Vaters. Als Erben waren meine Mutter und meine Geschwister benannt. Mein Dad und meine Mum hatten beide einen gesetzlichen Vormund, da sie wegen schwerer Demenz mit Pflegestufe drei in einem Altenheim untergebracht waren.
Wir trafen uns alle im Haus meiner Eltern, welches seit sechs Jahren unbewohnt war. Der Vormund hatte den Schlüssel des Hauses und wir konnten es in dieser Zeit nie betreten. Natürlich hatten wir immer wieder versucht, den Vormund zu kontaktieren, doch er war nie erreichbar oder ließ sich verleugnen.

Da das Haus sechs Jahre leer gestanden und der Vormund sich nie um ordnungsgemäße Belüftung gekümmert hatte, war es durch die entstandene Feuchtigkeit marode und unbewohnbar geworden. Meine Geschwister lehnten somit das Erbe ab, was sollte ich jetzt tun?

Mein Elternhaus, der Ort, an dem ich Patrone das erste Mal gehört hatte, der Busch, in dem ich herumgekrabbelt war, das Versteck meiner Spielzeugsoldaten … – das alles sollte ich ausschlagen wegen der Schulden, die auf mich zukommen würden? Es war der ideelle Wert, an dem ich hing.

Gespräch zehn mit Patrone:

Roland: Patrone und geistige Welt, mir würde es das Herz zerreißen, wenn ich das Haus meiner Eltern ablehnen müsste, was soll ich denn nur tun?
Patrone: Was hältst du für richtig?
Roland: Na, das Erbe annehmen, aber hast du gesehen, wie es da drinnen ausschaut? All die alten Möbel, der ganze Plunder – und der Zustand des Hauses?
Patrone: Entscheide dich, wie du es für richtig hältst.
Roland: Na super …

Ich bat meine Seelenschwester, die recht sensitiv ist, einmal einen Chat mit mir und einer Seele aus meiner Verwandtschaft durchzuführen. Ein Kontakt mit jemandem aus meiner Familie fällt mir sehr schwer, da ich nie weiß, was Erinnerungen und was wirkliche Durchgaben sind. So kam es, dass diesmal nicht ich Botschaften aus der geistigen Welt bekam, sondern sie.

Zunächst traute sie es sich nicht zu und sagte, dass sie das niemals könne, aber ich versicherte ihr zu helfen und den Kontakt zur geistigen Welt einzuleiten – und so wagte sie das „Abenteuer".

Es begann damit, dass sie eine ältere Frau in einem geblümten Kittel aus der Hintertür eines Hauses mit grauer Fassade treten sah, sie beschrieb die Frau und das Haus und ich las gespannt mit, denn ich erkannte sofort meine Oma und das Haus, welches sie im Jahr neunzehnhundertundneun zusammen mit meinem Opa erbaut hatte – mein späteres Elternhaus.

Meine Seelenschwester sah einen circa neunjährigen Jungen im Garten unter Obstbäumen spielen – das war ich als Kind –, es waren früher sehr viele alte Obstbäume in diesem Garten! Meine Oma hat diese Welt verlassen, als ich neun Jahre alt war. Meine Seelenschwester erzählte noch so einiges mehr, dann plötzlich schrieb sie: „Roland, ich sehe dich und deine Familie in diesem Haus wohnen, ich sehe ein Mädchen mit dem Hund durch den Garten tollen, es ist noch klein, höchstens vier Jahre." Zu diesem Zeitpunkt war meine Enkeltochter etwas über zwei Jahre alt.

Als sie das geschrieben hatte, fiel es mir wie Schuppen von den Augen, das war genau der Ruck, den ich gebraucht hatte! Ich besprach alles mit meiner Frau Patricia und wir entschlossen uns, das Erbe, trotz enormer Verwahrlosung des Hauses und jeder Menge Schulden, anzunehmen.

Die viele Arbeit nahmen wir gern in Kauf, da ich ja aufgrund meiner beruflichen Ausbildung davon ausging, fast alles in Eigenleistung in Stand setzen zu können. Es würde halt lange dauern – berufsunfähig, wie ich wegen meines Rückenleidens war und bin, würde ich immer nur kurze Zeit am Tag arbeiten können.

Nach ein paar Wochen kam Post vom Amtsgericht, es war der Erbschein für das Haus. Meiner Mutter und mir gehörten nun jeweils fünfzig Prozent des Gebäudes. So konnte ich mit meiner Familie schon planen, was wir zuerst in Haus und Garten in Angriff nehmen müssten, um alles wieder bewohnbar zu machen. Meine Medialität und die geistige Welt ließ ich aber trotzdem nicht außer Acht, meine Chats waren gut gebucht.

Eines Tages hatte ich ein Seminar in Erding, bei einer engen Freundin der Familie. In diesem Seminar passierte etwas Ungewöhnliches, was mir selbst ein wenig unangenehm war.

Anfangs erzählte ich viel von der geistigen Welt und was ich mit ihr erlebt hatte und beantwortete alle Fragen, die in der Runde aufkamen. Danach stellte ich für jeden einzelnen Teilnehmer einen Jenseitskontakt zu einer lieben Person oder zum eigenen Schutzengel her. Das ist bei einem Seminar bis maximal zwanzig Personen möglich, denn ich möchte niemanden ohne einen Kontakt nach Hause schicken. Daher halte ich auch die Teilnehmerzahl immer so klein wie möglich.

Mein letzter Gast war der Schutzengel eines etwas älteren Herrn, dessen Frau neben ihm saß. Er erzählte mir vieles und ich gab es sofort an den Herrn weiter. Und genau das „sofort", meine lieben Leser, führte für ihn zum Verhängnis.

Sein Engel zeigte mir eine alte Schulbank, auf der ein Schulheft und viele Stifte in allen Farben lagen. Die Seiten des Heftes waren übersät mit Gekritzel. Ich sagte zu ihm: „Der Fleißigste warst du nicht in der Schule, du hast alles Mögliche gemacht außer aufpassen! Das führte auch dazu, dass du in der dritten Klasse sitzen geblieben bist ..."

Peng! Seine Frau schaute ihn an: „Stimmt das?" Der ältere Herr sagte erst mal nichts und ich auch nicht mehr, die Frage seiner Frau hatte mich aus der Konzentration gebracht, im Hintergrund hörte ich den Engel noch sagen: „Ups, meine Schuld ..." Er hatte sich „verplappert".

Die Freunde des Paares begannen zu lachen, mein Gast aber sagte es offen heraus: „Ja, ich bin sitzen geblieben, schuld war aber die Lehrerin. Roland, frage den Engel und bestätige es bitte!" Das konnte ich allerdings so nicht bestätigen und begann zu schmunzeln. Es ging ein großes Hallo durch das Seminar und die Ehefrau bat mich: „Roland, erzähle doch noch ein bisschen mehr über das, was ich bisher noch nicht wusste ..."

In den späten Abendstunden trat ich meine Heimreise an.

Jetzt waren meine Seminare erst mal zu Ende, denn ich musste mich um mein Erbe, das verwahrloste Haus kümmern. So begann ich mit meiner Frau und meinen Kindern zunächst einmal damit, das Haus auszuräumen. Es war bis unter das Dach vollgestopft mit alten Möbeln, die durch die Feuchtigkeit natürlich völlig verschimmelt und unbrauchbar geworden waren.

Woche um Woche kämpften wir uns durch dieses Chaos, bis schließlich alles besenrein war. Eine Firma, die unser Haus renovieren würde, konnten wir uns einfach nicht leisten. Aber ich war früher lange genug beim Tiefbau beschäftigt gewesen, um zumindest selbst Brauch- und Abwasserrohre verlegen zu können.

Die alten Stromleitungen, ebenso die Türen mussten komplett ausgetauscht und zu guter Letzt mussten alle Wände neu verputzt werden. Mein Schwager als gelernter Elektriker nahm mir die Verlegung der Stromkabel komplett ab.

Nicht zuletzt half mir auch die geistige Welt sehr dabei, das alles durchzustehen, zig Seelenverwandte schubsten mich an, wo es nur ging und soweit sie es durften. Ohne sie wäre ich manchmal wirklich aufgeschmissen gewesen. Frühmorgens schrieb ich meine Mails und vergab Termine, abends dann hielt ich maximal zwei Chats – am Nachmittag war die Arbeit im Haus angesagt.

Ich freute mich jedes Mal, wenn ich mit meinen Hunden ins „spirituelle" Haus, wie ich es nun nannte, gehen konnte, es entwickelte sich dort eine spürbare Magie.

Eines Tages schrieben mich die Ghosthunters Nordrhein-Westfalen an, ob ich nicht nochmals mitkommen könne zu einer Untersuchung paranormaler Phänomene auf Burg Satzvey in der Eifel. Mit dabei wäre der Westdeutsche Rundfunk und die Zeitschrift „Frau von heute", um darüber zu berichten. Da ich so etwas immer interessant finde, nahm ich teil.

Gräfin Beissel hatte Folgendes im Vorfeld berichtet: „Als der alte Herr Graf, der Großvater des jetzigen Grafen, im Sterben lag, ging die Köchin im Treppenhaus der Bediensteten die Stufen hinauf. Da sah sie oberhalb der Treppe den alten Grafen stehen und sagte: „Herr Graf, Sie müssen doch im Bett liegen, was machen Sie denn hier?" Der Graf verschwand und als sie in dessen Zimmer nachschaute, war er verstorben.

Einmal saß die Gräfin Beissel mit ihrer Freundin in der Küche und unterhielt sich mit ihr. Die Kinder waren noch sehr klein und schliefen bereits. Der Graf war auf einem Meeting und wurde gegen dreiundzwanzig Uhr zurückerwartet. Um zweiundzwanzig Uhr krachte plötzlich die Tür im Hausflur ins Schloss und man hörte schwere Schritte. Die Gräfin und ihre Freundin riefen gleichzeitig: „Oh, da ist er aber schon früh zurück!" Da die Gräfin ihrem Mann kurz Bescheid geben wollte, dass sie und ihre Freundin in der Küche sitzen, ging sie in den Flur und danach in die Privaträume, doch alle Zimmer und Gänge waren dunkel und niemand war zu sehen. Gegen dreiundzwanzig Uhr kam der Graf dann, wie angekündigt, nach Hause ...

Auch einige Babysitter hörten hin und wieder des Nachts schwere Schritte wie von einem Mann, wenn sie allein in der Burg waren.

Die Tochter der Gräfin sah vor einigen Jahren eine schwarze Gestalt, welche die Treppen hinaufging. Auch ihre Freundin hatte diese Gestalt gesehen, worauf beide vor Schreck aus der Burg liefen. Später sah die Tochter die Gestalt noch einmal im Bad.

Im unteren Esszimmer kommt es auch heute noch vor, dass sich eine Angestellte beobachtet fühlt.

Ich traf am späten Nachmittag auf Burg Satzvey ein, wo ich von der Gräfin Beissel begrüßt wurde. Die Ghosthunters Nordrhein-Westfalen gingen mit ihr nochmals die Räumlichkeiten ab, in denen sich die unterschiedlichen Vorfälle abgespielt hatten. Im Vorfeld wurde beschlossen, dass wir unsere Zentrale − Monitore und anderes − im Esszimmer der Privatgemächer aufbauen würden.

Nachdem die Gräfin mit dem Team zurückgekommen war, begann die Aufstellung des gesamten technischen Equipments. Die vier Kameras des Überwachungssystems wurden folgendermaßen platziert: Eine wurde auf dem Speicher aufgebaut, eine weitere auf dem Flur zu den oberen Privatgemächern, wo sie zentral die Tür filmte, bei der einmal die schweren Schritte vernommen wurden − unweit von Küche und Esszimmer. Die dritte Kamera wurde im Treppenhaus aufgebaut und die vierte in dem Flur, wo sich die ehemaligen Schlafgemächer der Großmutter und des Großvaters befanden. Ferner wurde im Sterbezimmer des Großvaters eine Digitalkamera auf ein Stativ gesetzt, um das Bett und das Nachtschränkchen „im Blick" zu haben.

Nachdem die Vorbereitungen abgeschlossen waren, traf sich das Team nochmals zu einer Lagebesprechung und wir begannen darauf mit unserer Arbeit.

Zunächst wurde der Speicher untersucht, da von hier zeitweise Schritte und Kratz- und Klopfgeräusche zu hören waren − hier wurden Foto- und Videoaufnahmen gemacht. Auch Tonbandstimmen, das sogenannte Electronic Voice

Phenomenon – EVP –, nutzten die Techniker und ich stellte dabei meine Fragen. Ich konnte allerdings keinerlei Anzeichen einer Präsenz spüren. Nach circa dreißig Minuten beendeten wir die Untersuchung des Speichers – ohne offenkundige Ereignisse oder Vorkommnisse.

Nach einer kurzen Pause begaben wir uns zum Flur im zweiten Stockwerk, auf welchem seinerzeit die schweren Schritte zu hören waren, die die Klientin irrtümlich ihrem Ehemann zuschrieb. Am Ende des Ganges, oberhalb der Stelle, an der sich das ehemalige Schlafzimmer der Großmutter des Grafen befand, konnte ich einen Kontakt aufbauen: Ich hörte eine Frau, die schimpfte, dass wir nicht so laut sein sollen.

Wir begaben uns daraufhin eine Etage tiefer, wo auf der linken Seite als Erstes das Schlafzimmer der Großmutter war. Über einen Vorraum gelangte man auch in das Schlafzimmer des Großvaters, der damals dort verstorben war. Auf dem Weg zu den Schlafräumlichkeiten konnte ich die Frau weiterhin lamentieren hören. Am Eingang zu dem Vorraum konnte ich sie dann auch sehen: Ich erblickte eine ältere Dame, die nicht aufhörte, über unseren Lärm zu schimpfen.

Ich begann, ihr Aussehen zu beschreiben. Die Gräfin und die Ghosthunters Nordrhein-Westfalen betrachteten die an den Wänden hängenden Gemälde und fanden eine Porträtzeichnung, mit Bleistift gezeichnet, welches meiner Darstellung ähnelte. Sie riefen mich hinzu und zeigten mir das Bild, darauf war genau die Person, deren Präsenz ich wahrgenommen und gesehen hatte. Wir befanden uns noch im Schlafzimmer der Großmutter und diese sagte, dass wir nichts anfassen sollen. Ich erkannte weiterhin, dass die porträtierte Person immerzu Durst und einmal einen Schwächeanfall erlitten hatte.

Daraufhin begaben wir uns zusammen mit den Klienten noch in andere Räumlichkeiten und hierbei konnte ich wieder

Kontakt mit der Großmutter aufnehmen. Sie erzählte mir Dinge aus der Kindheit des Grafen und dass er als Junge mit einem selbstgemachten Bogen und Pfeilen spielte und er zur Großmutter ging, um sie um Kordel für den Bogen zu bitten. Der Graf bestätigte dies.

In einem anderen Raum nahm ich einen älteren Herrn wahr, der mir erzählte, dass der Sohn des damaligen Kutschers Ende des neunzehnten Jahrhunderts bei Renovierungsarbeiten auf dem Burggelände umgekommen sei, seine Seele würde seitdem immer wieder auf den Fluren umhergehen. Spätere Nachforschungen ergaben in der Tat einen Unfall auf der Burg, der über zweihundert Jahre zurückliegt.

Für mich sind solche Untersuchungen sehr interessant – manchmal erzählen die Seelen Dinge, die in keinem Geschichtsbuch stehen.

Als wir uns kurz darauf mit der Gräfin und der Redakteurin des Westdeutschen Rundfunks in einem Saal im Erdgeschoss zusammensetzten, hörten wir plötzlich Schritte im angrenzenden Treppenhaus. Die Gräfin stand auf und öffnete die Tür, da sie vermutete, es sei ihr Sohn. Die Schritte waren weiterhin zu hören. Trotz Rufens bekam sie aber keine Reaktion, man hörte nur noch ein paar verhallende Schritte, dann war alles wieder still. Ich kann nicht sagen, ob es sich bei diesen Schritten um die des verunglückten Mannes aus dem neunzehnten Jahrhunderts handelte.

Rückblickend möchte ich noch anmerken, dass die Gräfin sehr nett und sympathisch und ich positiv überrascht war, wie locker sich der Umgang mit ihr gestaltete. Nachdem ich zu Hause angekommen war, schickte ich ihr mein erstes Büchlein als Dankeschön für die tolle Gastfreundschaft.

Zwei Tage nach der Untersuchung auf Burg Satzvey schrieb mich eine Frau an, die sehr verzweifelt war.

Sie experimentierte auf eigene Faust mit sogenannten „spiritistischen Praktiken" – schwarzes Hexenbrett, Ouija-Board, und Gläserrücken –, dies ging nach hinten los und sie hatte sich augenscheinlich sehr unangenehme „Mitbewohner" ins Haus geholt.

Ich kann es nicht nachvollziehen, wieso manche Menschen so leichtsinnig mit diesen Praktiken umgehen – es ist einfach gefährlich, wenn man sich nicht damit auskennt. Es beginnt zunächst immer ganz harmlos, nach dem Motto: „Versuchen wir mal, ob das überhaupt funktioniert, so eine ‚Geisterbeschwörung' ..." Diese Handlungen sind mannigfaltig und oft schwer einzuschätzen.

Die häufigsten Gefahren möchte ich kurz aufzeigen und erklären, aber zunächst eine ernst zu nehmende Warnung: Bitte, versucht niemals eine „Sitzung" ohne ein wirkliches Medium abzuhalten! Ihr wisst nie, wen ihr da in euer Haus bittet – nicht alle Seelen sind wohlmeinend!

Abhängigkeit: Viele Menschen verwenden spiritistische Techniken, dazu gehören auch oft das tägliche Kartenlegen oder -ziehen, sei es Tarot oder andere Karten – auch viele andere Hilfsmittel und „Wahrsagetechniken" als Entscheidungshilfe werden in allen Lebenslagen angewendet.

Dadurch wird die eigene Entscheidungsfähigkeit weitgehend eingeschränkt. Man läuft Gefahr, seine Lebensentscheidungen in die Hände der Jenseitigen zu legen, diese dürfen aber keineswegs immer Hilfe geben. Man sollte sich niemals derart beeinflussen lassen, dass man nicht mehr in der Lage ist, selber zu entscheiden.

Blinder Glaube: Hochwertige Durchgaben sind oft von solcher Klarheit, dass man glauben könnte, sie beinhalten die einzig mögliche Wahrheit. Zwar kann man viel von derartigen Mitteilungen lernen, man sollte sie aber nicht als den einzigen Weg ansehen. Stets sollte man offen sein, auch seine eigenen Entscheidungen annehmen zu können. Der Verstand, die Intuition und der freie Wille wurden uns von Gott gegeben und deshalb sollen wir sie auch nutzen.

Angstgefühle: Häufig wird die Zeit nach einer unsachgemäß durchgeführten spiritistischen Sitzung von teilweise extremen Angstgefühlen begleitet. Insbesondere wenn sich merkwürdige Dinge ereignen, werden diese Ängste oft unerträglich. Sie sind manchmal eine abgeschwächte Form der Umsessenheit. Auch nach einer sachgerechten Sitzung sollte man sich mindestens noch eine Stunde mit dem Medium unterhalten, um alles „aufzuarbeiten".

Umsessenheit: Darunter versteht man die meist negative Beeinflussung von Jenseitigen auf unser Leben. Oft sind es sogenannte erdgebundene Seelen, von denen manche noch gar nicht mitbekommen haben, dass sie verstorben sind. Manche haben regelrecht Spaß daran, Menschen Angst einzujagen oder sie sonst wie zu beeinflussen.

Es ist wichtig zu lernen, mit diesen Beeinflussungen umzugehen. Die Umsessenheit äußert sich zum Beispiel im Hören von Stimmen, die den Betroffenen zu negativen Handlungen verführen wollen. Die nächste Steigerung kann die Besessenheit sein.

Besessenheit: Sie kann eine Extremfolge unsachgemäß angewandter spiritistischer Techniken sein, kommt aber eher selten vor. Sie äußert sich zum Beispiel durch plötzliche Angst- und Wutanfälle bis hin zu Krämpfen und wird von Psychiatern oft mit Schizophrenie oder Epilepsie verwechselt. In solchen

Fällen muss man davon ausgehen, dass eine fremde Seele ungehindert in das Denken und Handeln eingreift und diese versucht zu kontrollieren.

Bei den drei letztgenannten Gefahren müssen wir uns darüber im Klaren sein, dass diese in tiefste soziale Abgründe führen können. In Einzelfällen endet dies tatsächlich in schweren psychischen Erkrankungen oder auch in der Ausführung von ungewollten, verhängnisvollen Handlungen bis hin zum Suizid.
   Also noch einmal: Finger weg von spiritistischen Praktiken wie Gläser-, Tischchenrücken oder Witchboard!

Doch was geschah jetzt mit der Frau und „ihren" Geistern? Räuchern? Weihwasser? Geweihte Kerzen? Was macht man nun, wenn es so weit gekommen ist? Zuerst einmal ist es ganz wichtig, die Ruhe zu bewahren in solch einem Fall.
   Bei einer Sitzung wie „Gläserrücken" öffnet man ein Portal in die geistige Welt, dieses Portal muss wieder geschlossen werden. Aus der Ferne blieb mir dafür nur eine Möglichkeit: Kontakt zu ihrem Guide aufzunehmen und zu schauen, wie man in dieser Situation helfen kann. Nach zwei Wochen und dreizehn E-Mails war das Portal wieder geschlossen.

In meinem „spirituellen" Haus ging es mittlerweile sehr gut voran, eins Komma vier Kilometer neuer Stromkabel waren verlegt und das gesamte Wassersystem erneuert. Nun begannen meine Frau und ich, sämtliche vorher gestemmten Schlitze zuzuschmieren, um danach alles verputzen zu können. Manchmal, liebe Leser, rechnete ich nicht mehr in Euro, sondern nur noch in Mörtelsäcken. Ich gab mein Hobby, den Modellbau, auf, um jeden „Mörtelsack" ins Haus zu stecken. Oft glaubte ich nicht mehr an den Erfolg, weil es finanziell wirklich sehr knapp zuging.

Gespräch elf mit Patrone:

Roland: Oh Mann, Patrone, wie soll das werden?
Patrone: Mach dir keine Sorgen, Roland.
Roland: Habe schon ein wenig Angst, dass ich mich übernehme mit dem Haus.
Patrone: Nein, du wirst irgendwann begeistert sein von dem, was ihr geschaffen habt.
Roland: Ich bin froh, wenn du das sagst, Patrone.
Patrone: Ihr werdet euch wohl fühlen.
Roland: Weißt du, was ich mir überlegt habe, als ich heute durch den Garten schlenderte?
Patrone: Ja, weiß ich, schon vergessen, dass ich deine Gedanken lesen kann?
Roland: Es ist eine Superidee, Patrone, dort hinten im Busch eine kleine Kapelle zu bauen als Dankeschön für alles.
Patrone: Und warum musst du da eine Kapelle bauen?
Roland: Weil ich es so zum Ausdruck bringen möchte, dort hinten hat alles begonnen, für mich ist das ein magischer Ort.
Patrone: Bin ich froh, dass ich dort hinten das erste Mal gesprochen habe und nicht in der Garage.
Roland: Hihihi, siehst du, da hätte ich es einfacher gehabt, bräuchte ich nur eine Bank reinstellen und ein Bild von dir.
Patrone: Auweia ...
Roland: Ich muss lachen …

Die geistige Welt bremste schon ein wenig mit den Mails und Anfragen, weil sie wusste, dass ich abends sehr erledigt war vom Verputzen der Wände. In dieser Zeit steigerte sich mein Schmerzmittelkonsum ins Unermessliche, da ich wegen meiner Bandscheiben ja allenfalls zwei Stunden ohne darauffolgende Rückenschmerzen arbeiten konnte. Hin und wieder erhielt ich Mails von Kindern, diese beschäftigten mich tagelang.

Ein vierzehnjähriges Mädchen schrieb mich eines Tages an, dass ihre liebe Oma gestorben sei. Es wollte keinen Jenseitskontakt und ich wies es auch nicht auf diese Möglichkeit hin. Die Kleine stellte nur eine einzige Frage: „Gibt es wirklich einen Himmel, wo meine Oma jetzt lebt?"

Ich konnte diesem Mädchen nichts vom Diesseits und Jenseits erzählen – ich musste es ihm anders erklären. So schrieb ich ihr und die Geschichte von der Schiffsreise nieder: „Stell Dir vor, Du stehst mit Deiner Oma an einem Hafen, Deine Oma will eine Kreuzfahrt in den sonnigen Süden, für eine sehr lange Zeit, machen. Es regnet und ist kalt am Hafen, Deine Oma knuddelt Dich noch mal und sagt: ‚Ich freue mich auf den warmen Süden, besonders auch, weil ich meine Mama wiedertreffen und in den Arm nehmen werde.' Oma küsst Dich nochmals und sagt zu Dir: ‚Wir sehen uns wieder.'

Sie geht an Bord des Schiffes. Die Gangway geht hoch und Du entdeckst deine Oma am hinteren Teil des Schiffes, wie sie Dir zuwinkt.

Der gigantische große Dampfer beginnt, in See zu stechen, ganz langsam. Du winkst Deiner Oma hinterher. Du siehst, wie das große Schiff kleiner und kleiner wird und Du bleibst so lange stehen, bis es dort angelangt ist, wo Wasser und Himmel sich treffen – dann verschwindet das Schiff. Du wartest noch ein wenig und sagst: ‚Nun ist es weg!' Es ist nicht weg, Du kannst es nur nicht mehr sehen.

Auf der anderen Seite des Horizonts rufen Stimmen: ‚Es kommt!' Man freut sich riesig, dass Deine Oma kommt, alle sehen das Schiff ganz klein, es wird immer größer, je näher es sich zum Hafen bewegt. Deine Oma steigt aus dem Schiff und alle umarmen sie und freuen sich, dass sie da ist!

Du stehst traurig am Hafen, weil Deine Oma gefahren ist, aber andere freuen sich, weil Deine Oma wieder da ist. Deine Oma ist nun an einem Ort, den wir mit unseren Augen nicht sehen können …" Ich verpackte diese Geschichte in eine Mail und schickte sie los. Nun wartete ich gespannt auf Antwort: Würde die Empfängerin den Sinn dieser Geschichte verstanden haben?

Es dauerte ein paar Tage, bis sie zurückschrieb. Sie hatte den Text sofort verstanden und darüber war ich sehr froh. Das Mädchen wollte jetzt Dinge über die Zukunft von mir erfahren: Wie alt sie werde, ob sie viel Geld haben würde. Ich musste leider passen, denn ich kann niemandem die Zukunft voraussagen, auch nicht mit Hilfe der geistigen Welt. So dachte ich zumindest, bis ich eines Besseren belehrt wurde.

Mit meiner Seelenschwester hatte ich nach wie vor regen Mailkontakt. Wir besprachen natürlich auch ganz banale Dinge oder fachsimpelten einfach über meinen Umbau im „spirituellen" Haus. Eines Tages aber schaltete sich ihr Mann Rainer aus dem Jenseits ein. Er sagte zu mir, ich soll Folgendes in die Mail an sie schreiben: „Finster schiev". Das war's, keine Erklärung, nichts.

Ich als Bayer bin der „kölschen Sprache" sowieso nicht mächtig, so schickte ich meine Mail ab, nicht ohne zu fragen, was das bedeute. Rainers Witwe antwortete verdutzt: „Das heißt Fensterscheibe ..., was meint er denn damit?" Aber sie nahm den Hinweis ernst.

Es dauerte nur ein paar Tage bis zur Lösung des Rätsels: Meine Seelenschwester stand mit ihrem befreundeten Nachbarn, einem Handwerker, vor ihrem alten Haus und bat ihn, mal nachzusehen, ob mit den Fenstern alles in Ordnung sei, als er bemerkte: „Der Sturz über dem unteren Fenster hat sich gelockert und kann jederzeit herunterkrachen, dann ist das ganze Fenster hinüber und das wird teuer! Da mache ich dir 'nen Metallträger rein." … und so hat Rainer mit seinem Hinweis „Finster schiev" vor noch größerem Schaden bewahrt.

In manchen Fällen dürfen die Seelen also auch Botschaften oder Warnungen im Hinblick auf die Zukunft aussprechen, solange damit nicht der Lebensplan des betreffenden Menschen beeinflusst wird – aber wer schreibt sich ein zerstörtes Fenster hinein? Das sind in diesem Hinblick Nebensächlichkeiten und doch für den Einzelnen so erfreuliche Zeichen.

Viele User schreiben mich an und fragen, warum ich so überzeugt davon sei, dass es ein Leben nach dem Tod gibt. Durch meine Erlebnisse in den letzten Jahren habe ich meinen Blickwinkel stark verändert und kann mit Gewissheit sagen: Es gibt ein Leben nach dem Tod.

Versuchen wir mal, den euren ein wenig zu verändern mit einer kleinen Geschichte: Ein ungeborenes Zwillingspärchen unterhält sich im Bauch seiner Mutter. „Sag mal, glaubst du eigentlich an ein Leben nach der Geburt?", fragt der eine Zwilling. „Ja, auf jeden Fall! Hier drinnen wachsen wir und werden stark für das, was draußen kommen wird", antwortet der andere. „Ich glaube, das ist Blödsinn", sagt der erste, „es kann kein Leben nach der Geburt geben – wie soll das denn bitte schön aussehen?"

„So ganz genau weiß ich das auch nicht. Aber es wird sicher viel heller als hier sein. Und vielleicht werden wir mit unseren Beinen herumlaufen und mit dem Mund essen."

„So einen Unsinn habe ich ja noch nie gehört! Mit dem Mund essen, was für eine verrückte Idee! Es gibt doch die Nabelschnur, die uns ernährt. Und wie willst du herumlaufen? Dafür ist doch die Nabelschnur viel zu kurz!"

„Doch, es geht ganz bestimmt! Es wird eben alles ein bisschen anders."

„Du spinnst! Es ist doch noch nie einer zurückgekommen nach der Geburt! Mit der Geburt ist das Leben zu Ende! Punktum."

„Ich gebe ja zu, dass keiner weiß, wie das Leben nach der Geburt aussehen wird. Aber ich weiß, dass wir dann unsere Mutter sehen werden – und sie wird für uns sorgen."

„Mutter? Du glaubst doch wohl nicht an eine Mutter! Wo ist sie denn bitte?"

„Na hier! Überall um uns herum. Wir sind und leben in ihr und durch sie. Ohne sie könnten wir gar nicht sein!"

„Quatsch! Von einer Mutter habe ich nie etwas bemerkt. Also gibt es sie auch nicht!"

„Doch, manchmal, wenn wir ganz still sind, kannst du sie singen hören – oder spüren, wenn sie unsere Welt streichelt!"

Und so waren die letzten Tage im Schoß der Mutter gefüllt mit vielen Fragen und großer Angst. Schließlich kam der Moment der Geburt. Als die Zwillinge ihre Welt verlassen hatten, öffneten sich ihre Augen. Sie schrien: Was sie sahen, übertraf ihre kühnsten Träume!

Was denkt ihr? Überlegt ein wenig – die meisten Menschen denken so über den Tod wie die Zwillinge über die Geburt.

Mittlerweile war es Winter geworden und meine Arbeiten am Haus gingen nur sehr zaghaft voran. Es war noch keine Heizung installiert und so war es bitterkalt darin. Unser Ziel war zunächst, Weihnachten einzuziehen, doch diesen Termin verfehlten wir gewaltig.

Um uns nicht selbst unter Druck zu setzen, planten wir keinen neuen Termin, sondern entschlossen uns einzuziehen, wenn alles fertig sei.

Der Vormund meiner Eltern meldete sich auch mal wieder, die Stadt Waldsassen wolle das Haus mit dem kompletten Grundstück kaufen – ich solle mich entscheiden. Doch diese Frage stellte sich mir überhaupt nicht, denn ich hatte schon so viel an Arbeit und Herzblut investiert, da kamen die Kameraden zu spät.

Im Februar zweitausendzwölf rief mich die Leaderin der Ghosthunters Nordrhein-Westfalen an, sie würden mit einem Privatsender in Tepla – Tschechien – drehen und ob ich nicht Lust hätte, dabei zu sein. Ich bat mir ein paar Stunden Bedenkzeit aus.

Patricia, meine Frau, meinte: „Mach mit, dann bist du ein wenig abgelenkt von allem." Und so willigte ich ein und fuhr nach Tepla. Leider darf ich momentan noch keine Infos zu dem Dreh geben, da er noch nicht ausgestrahlt wurde – aber immerhin hatte ich tatsächlich zwei Tage Ablenkung.

Die Sanierung des Hauses wurde teurer als erwartet – ein Lottogewinn, das wär's gewesen … Mit diesem Gedanken ging ich eines Tages vom Friedhof, wo ich eine Kerze für meinen Dad angezündet hatte, nach Hause.

Unterwegs sah ich einen nagelneuen, knallroten Porsche auf der Straße. „Mein Gott", dachte ich mir, „Patrone, so einen Porsche könnte ich brauchen, den würde ich sofort verkaufen und dafür Material fürs Haus holen."

Könnt ihr euch denken, was jetzt kommt …? Ich bekam einen Porsche, genau zwanzig Meter nach der Stelle, an der ich ihn mir gewünscht hatte – es war aber nur ein Spielzeugporsche, der da vor meinen Füßen lag. Die geistige Welt hatte mich mal wieder ein bisschen auf die Schippe genommen, was mir an sich immer gefällt – ich liebe ihren Humor. Zu diesem Zeitpunkt war ich aber ein wenig eingeschnappt.

Zu Hause angekommen, fand ich es allerdings schon wieder komisch.

Im „spirituellen" Haus war es nun so weit, wir hatten die Böden verlegt und konnten endlich einziehen. Ich musste mich natürlich nochmals bei Patrone versichern, ob ich denn wirklich umziehen solle. Er antwortete: „Natürlich, du wirst dich dort sehr wohl fühlen."

Wir beschlossen, am dritten März einzuziehen. Ich trommelte Freunde und Bekannte zusammen und organisierte einen Bus für den Transport, schließlich musste eine fünfköpfige Familie umziehen. Am ersten März begann ich schon damit, jede Menge Kartons und Kleinkram mit meinem Auto zu transportieren. Eine Fahrt nach der anderen, Stunde um Stunde, bis plötzlich das Telefon klingelte. Meine Schwester war am Apparat, wir sollten ins Krankenhaus kommen, unserer Mutter gehe es nicht gut. Wir fuhren sofort los.

Als wir ankamen, lag sie im Bett lag und schlief. Wir wollten sie wecken, doch sie reagierte nicht. Der Arzt kam hinzu und meinte, dass es um sie sehr schlecht stünde. Ich konnte spüren, dass unsere Mutter in unser aller Heimat wollte, sie war des Lebens müde.

Es war am Freitag, den dritten März, am Tag, an dem unser Umzug ins Haus stand, da klingelte frühmorgens um fünf das Telefon … Ich wusste: Es war geschehen, Mutter war heimgegangen. Wir fuhren wieder ins Krankenhaus, gingen zu ihr und verabschiedeten uns. Alle Geschwister waren gekommen. Sie verließen dann das Krankenzimmer und ich nutzte die Zeit wie auch damals bei meinem Dad, noch mal allein mit meiner Mutter zu sein. Ich setzte mich neben sie und streichelte ihre Hand.

Jetzt waren wir Kinder alleine auf dieser Welt – unsere Eltern waren vorangegangen. Ich wünschte auch ihr eine gute Reise und bat sie, Papa herzlich zu grüßen. Sie würde erstaunt sein, dass Papa bereits auf sie wartete. Ihre Demenz war schon sehr weit fortgeschritten, so dass sie sich nicht erinnern konnte, dass Dad schon „heimgegangen" war.

Am folgenden Tag hatten wir noch ein paar Kleinigkeiten aus unserer Mietwohnung zu holen und ich beschäftigte mich sehr wenig mit dem Tod meiner Mutter. Nein, nicht weil ich sie nicht geliebt hätte, sondern weil ich eingespannt war in den Umzug – ich hatte einfach keine Zeit für meine Trauer.

Das sage gerade ich, der jedem Menschen rät, dass er sich mit der Trauer beschäftigen soll und *muss*. Du darfst deine Trauer nicht verwehren oder unterdrücken, du musst die Trauer fühlen. Du darfst nicht stehen bleiben, du musst den Rest des Weges weitergehen, das wünschen sich auch unsere Lieben im Jenseits.
    Es war jedoch so viel in meinem Kopf, dass ich mich nicht mit der Trauerarbeit auseinandersetzen konnte. Ich hätte mir aber die Zeit nehmen *müssen*.

Gespräch zwölf mit Patrone:

Roland: Patrone, bist du da?
Patrone: Natürlich bin ich da.
Roland: Wenn das der Preis dafür ist, dass ich mein Elternhaus übernehmen darf, hätte ich es *niemals* gewollt
Patrone: Nein, es ist keineswegs so, wie du denkst.
Roland: Es spricht alles dafür.
Patrone: Sieh es als ein Geschenk an von deiner Mutter.
Roland: Deswegen ist sie vorzeitig gegangen?
Patrone: Nein, ist sie nicht, ihre Heimreise stand schon sehr lange fest, sie selbst entschied, wann sie nach Hause geht. Wir haben sie nicht „geholt", wenn du das jetzt denkst.
Roland: Ich verstehe gar nichts mehr, Patrone, mein Kopf ist voll bis obenhin.
Patrone: Wir haben nicht den Heimgang deiner Mutter beeinflusst, Roland, jedoch wussten wir, wann sie zu uns kommt, danach haben wir uns gerichtet. Das ist die Wahrheit – vertraue uns.

Es vergingen die Tage bis zur Beerdigung und ich konnte mich immer nur ganz kurz mit meiner Trauer beschäftigen. Am Grab meiner Mutter überfiel mich dann der Schmerz mit voller Wucht, es kam alles hoch und ich wollte am liebsten, ohne ein Wort, nach Hause gehen. Es wurde mir alles zu viel!

Meine Frau lief mir hinterher und beruhigte mich. Erst ab diesem Zeitpunkt beschäftigte ich mich mit dem Tod meiner Mutter. Ich nahm mir jetzt alle Zeit der Welt, um mich damit auseinanderzusetzen.

Im „spirituellen" Haus war und ist es bis heute ruhig und gemütlich, die Hektik der Stadt, von der ich selbst ja auch mal ein Teil war, ist spurlos verschwunden.

Ich hatte jetzt ein eigenes Arbeitszimmer, in dem ich ungestört Chats und Sitzungen abhalten konnte. Jetzt lud ich auch zum ersten Mal meine Seelenschwester ein, damit sie sich hier entspannen und einfach mal die Seele baumeln lassen konnte.

Auf vielen Fotos, die man hier im „spirituellen" Haus macht, sieht man Orbs. Zunächst möchte ich erklären, was ein Orb überhaupt ist: Orb heißt, ins Deutsche übersetzt, „Kugel", solche tauchen auf sehr vielen Fotos auf.

Es heißt, dass Orbs erst entdeckt wurden, als die Digitalkameras ihren Siegeszug um die Welt antraten. Auf alten Bildern sieht man keine Orbs. Das stimmt auch so weit, denn die alten Fotoapparate hatten keine so hohe Auflösung wie die heutigen, Kleinigkeiten blieben unentdeckt. Allerdings sind Orbs von einfachen Staubpartikeln oder Feuchtigkeit in der Luft sehr schwer zu unterscheiden – zunächst einmal sehen alle gleich aus, man erkennt auf den ersten Blick keinen großen Unterschied.

Auf nachfolgender Seite mal zwei Beispiele:

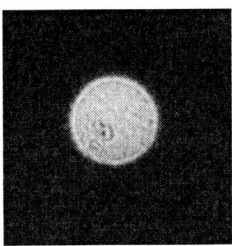

Auf dem linken Bild sieht man mehr Orbs als auf dem rechten. Hier handelt es sich um Feuchtigkeit in der Luft. Das Blitzlicht erhellt sozusagen die Partikel.

Beim rechten Bild erkennt man, dass es nur ein Orb ist, und das ist ein gutes Zeichen für die Anwesenheit einer Seele oder aber auch eines Patrone. Einzelne Orbs sind immer interessant, auch wenn es sich nicht immer um eine Seele handelt. Eine Seele ist Energie – und ein Orb ist die kleinste Form, in der sich eine Seele zeigen kann, als Zeichen. Aber wie unterscheidet man diese „Kugeln"? An der Signatur der Orbs ...

Das rechte Bild bekam ich aus Berlin zugeschickt, eine Frau fotografierte am Abend ihre Katze, die mal wieder auf Jagd war. Dieses Foto stach ihr sofort ins Auge und sie sandte es mir zu. Die Signatur innerhalb dieses Orbs ist „EF", ich erkenne es mit dem geistigen Auge, wenn ich es betrachte.

Ich schrieb der Frau: „Bei diesem Orb handelt es sich um eine Seele mit den Anfangsbuchstaben EF." Ihre Antwort kam prompt: „Ich fasse es nicht, meine Mutter hieß Elisabeth F. und sie ist vor einem Jahr verstorben."

Man muss genau aufpassen bei solchen Lichterscheinungen. Ich habe ein Foto gesehen, worauf Hunderte Orbs zu sehen waren. Das Bild wurde in einer Scheune gemacht und es war klar, dass sich an so einem Ort viele Staubpartikel befinden. Es besteht zwar die Möglichkeit, dass sich eine Seele darunter mischt, sie aber unter so vielen Partikeln ausfindig zu machen ist sehr zeitaufwändig. Also: Nicht jeder „Orb" auf einem Ponyhof ist auch wirklich einer ...

Mittlerweile war es Hochsommer geworden und es lebte sich phantastisch hier im „spirituellen" Haus. Abends draußen beim Lagerfeuer zu sitzen und einfach der Natur zuzuhören – herrlich! Meine Seelenschwester war auch mal wieder zu Besuch, freute sich, beim Anlegen des Gartens helfen zu können, und entspannte am Abend bei Lagerfeuer, Würst'l und Vino.

Auch Trauernde kommen regelmäßig, genießen die Stille und suchen im Garten das Gespräch.

Mit den Dreharbeiten für das Zweite Deutsche Fernsehen auf Burg Frankenstein möchte ich das erste Kapitel „Leben mit der Gabe" beenden. Das Angebot, auf Burg Frankenstein zu drehen, war für mich höchst interessant.

Ich wusste gar nicht, dass es diese Burg überhaupt gibt! Sie liegt wenige Kilometer südlich von Darmstadt. Berühmtheit verdankt sie der Tatsache, dass sie als Namensgeberin für Mary Shelleys bekanntes Buch „Frankenstein oder der moderne Prometheus" diente, welches auch mehrfach verfilmt wurde. Ghosthunters aus Amerika besuchten schon diese Burg, um paranormale Ereignisse auszumachen. Ich war sehr gespannt, ob ich ihre Ergebnisse bestätigen könne.

Knappe vier Stunden war ich unterwegs, bis ich das Schild „Burg Frankenstein" las. Die Straße führte in Serpentinen hinauf zur Burg. Der erste Eindruck war schon sehr überwältigend und faszinierend. Tom, ein Mitglied der Ghosthunters Nordrhein-Westfalen, holte mich vom Parkplatz ab, um mich zur Gruppe zu führen.

Am Tisch saßen auch der Redakteur des Zweiten Deutschen Fernsehens und ein Burghistoriker. Letzterer führte uns durch die Burgruine, mit viel Charme und Witz erzählte er uns all die Sagen und Mythen, die sich um Burg Frankenstein ranken. Er betonte aber auch mehrfach, dass diese Geschichten nicht auf wahren Tatsachen beruhen, wie zum Beispiel, dass dort Konrad Dippel als Erwachsener gelebt und Leichen zerstückelt und wieder neu zusammengesetzt haben soll.

Zum Schluss zeigte er uns eine Stelle vor der Kapelle, das Gestein dort im Boden solle sehr magnetisch sein und demzufolge soll auch ein Kompass verrücktspielen. Unser Burgführer gab uns einen von ihm mitgebrachten Kompass, den wir an diese Stelle legten. Tatsächlich drehte sich der Zeiger immerzu im Kreis. Esoteriker und „Hexen" nutzen diese Stelle als Energie- und Kraftplatz.

Wir besprachen kurz, wie wir anfangen und vorgehen wollten, und löschten das Licht. Unser Historiker berichtete, dass sich in dieser Kapelle Folgendes zugetragen habe: Vor mehreren hundert Jahren mussten Frauen und Kinder sich im tiefsten Winter unbekleidet davor hinsetzen, um so ihre im Krieg gefallenen Männer und Väter vom Fegefeuer zu erlösen. Alle erfroren jämmerlich – so viel zum Thema „Kirche und Nächstenliebe".

In der Kapelle war es still, zwei Kerzen brannten und die Ghosthunters begannen, Fragen an eventuell anwesende Seelen zu stellen.

Etwa zehn bis fünfzehn Minuten später nahm ich einen Geistlichen wahr – es war ein Mönch oder Priester, der dort wohl vor vielen Jahren seine Predigten abgehalten hatte. Leider kam keine Reaktion von ihm auf die Bitte, eine Kerze zu beeinflussen, doch ein Mitglied des Teams hatte plötzlich ein kaltes Gefühl an der Oberlippe, welches ich auch bestätigen konnte. Wir hatten dieses Empfinden an derselben Stelle, obwohl wir circa drei Meter voneinander entfernt standen – es dauerte nur kurz.

Ich begab mich dann mit einem Mitarbeiter der Burgverwaltung in den Innenhof. Dort sah ich mit meinem geistigen Auge viele alte Häuser, die mit Stroh und Reisig gedeckt waren. Eine Bäckerei, eine Schmiede, eine Schreinerei, einfach alles, als ob ich zweihundert Jahre in der Zeit zurückgeschickt worden sei.

Den Mitarbeiter interessierte der Schmied sehr und so erzählte ich, woran er gerade arbeitet. Er hämmerte an einer Art Lanze, welche ich auf den Boden zeichnete. Die Lanze war zwei Meter fünfzig hoch und an der Spitze befand sich eine Art „Hackebeil", eine Hellebarde also.

Darauf begaben wir uns in den Turm. Dort stellten zwei Mitglieder des Teams Fragen an eventuell anwesende Seelen. Plötzlich machten sich zwei der Überwachungsgeräte bemerkbar, und zwar in dem Moment, als die Fragen in Richtung Konrad Dippel gingen. Aus diesem Grund stellten sie noch gezieltere Fragen rund um seine Person. Immer wieder schlugen die Zeiger beider Geräte sehr heftig aus.

Ich beobachtete das Treiben, bis ich den Geist einer Frau wahrnahm, die voller Qual und Trauer war. Sie war völlig verzweifelt und konnte den Schmerz nicht ertragen, dass ihr Geliebter auf dem Weg zu ihr verunglückt war. Sie lief in dem Turm von einer Ecke in die andere, mit einer silbernen Schüssel in der Hand. Ich sah die Einrichtung ihres Zimmers, sah sie leiden und letztendlich aus dem Fenster in den Tod springen.

Plötzlich meldete sich unser Techniker zu Wort. Er hatte auf seinem Tablett einen Rechner, welcher alle Geschehnisse aufnahm, und eine Stimme vernommen. Nun herrschte große Aufregung, Alle wollten natürlich hören, was er da aufgenommen hatte! Tatsächlich konnte man eine Stimme ausmachen, die etwas von sich gab. Dass wir während der Untersuchung schon eine Antwort hören konnten, war für uns etwas Neues. Zudem zeigten auch die Geräte wieder an, was sie zuvor schon einmal registriert hatten. Das Electronic voice phenomenon wurde auch auf den Diktiergeräten aufgenommen, wie wir später bei der Auswertung feststellen konnten.

Wir begaben uns ins Freie, unter das Fenster, aus dem die schmerzgepeinigte Frau damals in den Tod gesprungen war. Dort, wo einst ihr Körper aufprallte, konnte ich sie wieder wahrnehmen. Auch die Zeiger der Geräte schlugen bis in den roten Bereich aus. Nach der Frage „Sollen wir den Platz verlassen?" schlug der Gauß-Master erneut heftig aus. Somit beschloss ich, mich von dem Platz zu entfernen, um die Seele nicht so zu beunruhigen.

In der anschließenden Pause ging ich in den Hof, um eine Zigarette zu rauchen. An der Burgmauer jedoch zog es mich buchstäblich in den angrenzenden Wald. Unbedingt wollte ich ein Stück hineingehen, da ich ihn als sehr interessant empfand. Voller Neugier begleiteten mich zwei des Teams, bewaffnet mit Taschenlampen.

Im Wald war es stockdunkel, denn es war mittlerweile kurz nach Mitternacht, und es regnete wie schon den ganzen Abend. Nach circa zwanzig Metern nahm ich viele Gestalten wahr, es war ein sehr beklemmendes Gefühl, doch ich wollte unbedingt noch weitergehen. Ich sah viele Seelen an mir vorbeigehen, die leicht bekleidet waren und jammerten. Mein Eindruck war, dass sie aus der Burg verbannt worden waren.

Urplötzlich zog mir „etwas" ruckartig die Kapuze meines Pullovers vom Kopf, was die beiden Teammitglieder auch mitbekamen. Es wehte kein starker Wind und die Kapuze konnte auch nicht durch einen Ast heruntergezogen worden sein. Es ging so blitzschnell, dass es nicht rational zu erklären war. Wäre es der Wind gewesen, wäre die Kapuze eher langsam heruntergerutscht. Im Vorbeigehen hatte eine Seele sie mir vom Kopf gezogen, ich konnte die Seele danach allerdings nicht mehr wahrnehmen.

Gern wäre ich allein noch weitergegangen, aber die Ghosthunters meinten, es sei zu gefährlich in der Dunkelheit und in diesem Gelände ...

Gespräch dreizehn mit Patrone:

Patrone: Genau so ist es, höre auf sie ...
Roland: Interessant! Ich möchte mehr Eindrücke sammeln.
Patrone: Haben dir die nicht gereicht?
Roland: Nein, ich möchte mehr davon erfahren.
Patrone: Bleib hier, es ist zu gefährlich bei dem Wetter.
Roland: Sag mal, du bist doch mein „Schutzengel", oder?
Patrone: Ja und?
Roland: Du wirst doch ein biss'l auf mich aufpassen können, wenn ich da reingehe?
Patrone: Ja, das habe ich doch eben schon getan, auf dich „aufgepasst".
Roland: Ach so, und ein zweites Mal geht das etwa nicht mehr?
Patrone: *Nein*.
Roland. Du bist ein komischer Engel, Patrone.
Patrone: Du bist ein komischer Mensch, Roland, du hörst Engel sprechen.
Roland: Na super, was ist jetzt?
Patrone: Setze deinen freien Willen ein und geh rein in den Wald.
Roland: Ich glaube, du hast mehr Angst als ich, mein Freund!
Patrone: He, ich habe schon mehr „Geister" gesehen als du Sandkörner.
Roland: Okay, okay …
Patrone: Na also, geht doch …

Ich unterhielt mich noch ein Weilchen mit den Ghosthunters und dann beschlossen wir, die paranormale Untersuchung zu beenden. Der Regen wurde stärker und wir hatten bereits alle Räume untersucht. Also bauten wir ab und ich verabschiedete mich. Die Uhr zeigte drei Uhr dreißig, als ich ins Auto stieg.

Gespräch vierzehn mit Patrone:

Roland: Patrone? Können wir wenigstens noch heimfahren?
Patrone: Es ist schon sehr spät, du musst noch viereinhalb Stunden fahren.
Roland: Werden die Straßen wenigstens frei sein?
Patrone: Ja, das werden sie.
Roland: Gut, dann fahre ich noch heim.

Um acht Uhr kam ich erschöpft zu Hause an. Welch ein anstrengender, aber hoch interessanter Tag! Nun wartete ich auf die Ausstrahlung – der Redakteur schickt üblicherweise einen Tag vorher eine Mail mit dem Sendetermin. Die Zeit verging und verging. Keine Mail, kein Anruf.

Ich rechnete gar nicht mehr mit der Sendung, bis mich eines Tages etliche Mails überraschten: Heute werde der Beitrag im Zweiten Deutschen Fernsehen gezeigt werden. Nachdem ich den gesehen hatte, war ich zufrieden mit dem Schnitt. Nun bekam ich wieder eine Menge Mails, sogar aus Schweden war eine dabei.

Mit Mails habe ich dieses Kapitel begonnen, mit Mails schließe ich es ab.

Ein Medium, liebe Freunde, lernt nie aus, es gibt immer Situationen, die neu sind. Welche Überraschungen, die selbst mich zum Staunen bringen, manche Seelen parat haben, das möchte ich euch im nächsten Kapitel zeigen.

Kapitel 2
Zeichen unserer Verstorbenen

Es gibt unendlich viele Möglichkeiten, wie uns die Seelen Botschaften wie „Wir sind gut angekommen, es geht uns prima" wissen lassen wollen oder „Wir sind immer in deiner Nähe".

In diesem Kapitel möchte ich ein paar Möglichkeiten aufzeigen, auch anhand von Bildern, die ich der Öffentlichkeit präsentieren darf. Viele Hinterbliebene, die bereits an ein Leben nach dem Tod glauben, warten geradezu auf ein Zeichen von ihren Lieben – so manche bekommen Zweifel am Leben nach dem Tod, wenn sie nicht innerhalb kürzester Zeit eins bekommen. Sie lauern auf jedes kleine Geräusch, jede kleinste Veränderung, ihre Sinne laufen auf Hochtouren.

Ein Zeichen von „drüben" zu schicken ist aber nicht so einfach! Die Kommunikation ist sehr kompliziert, die Seele muss erst lernen, *wie* man ein „Zeichen" übermittelt. Nach den meist langen Jahren im menschlichen Körper muss sie sich erst wieder an das „Seelensein" gewöhnen und die Tricks erneut lernen. Außerdem muss sie erst zur Ruhe finden – was von Seele zu Seele unterschiedlich lang dauert.

Das Gleiche gilt auch für uns Hinterbliebene: Wir müssen uns erst beruhigen, wenn uns ein lieber Mensch verlassen hat, und uns an die neue Situation gewöhnen. Um überhaupt ein Zeichen empfangen zu können, *muss* der Hinterbliebene entspannt sein und darf auch nicht ständig darauf warten, denn je mehr er sich darauf versteift, desto unwahrscheinlicher wird es, ein Zeichen als solches wahrzunehmen.

Ich kann aus eigener Erfahrung sagen: Am besten ist es, der Trauernde wartet erst einmal einige Zeit und versucht, sich zu erholen. Je besser es ihm geht, je „normaler" er wieder wird, desto besser funktioniert auch die Verbindung mit der geistigen

Welt. Die Erfahrung zeigt, dass die Zeichen immer dann kommen, wenn der Hinterbliebene am wenigsten daran gedacht hat oder an einem Ort ist, an dem man *niemals* damit rechnet.

Steigen wir langsam ein in die Materie – Zeichen unserer Verstorbenen: Zeichen von drüben können sehr vielfältig sein. Sehr häufig findet es in Form eines Traumes statt. Im Schlaf ist der Mensch am entspanntesten und deshalb klappt es dann auch am besten. Wer solch einen speziellen Traum hatte, merkt sofort, dass es kein „normaler" Traum war. Diesen Traum behält man sehr lange im Gedächtnis, er gibt einem auch sehr viel Ruhe. Du erkennst *sofort* den Unterschied zwischen einem normalen Traum und einem Zeichen im Traum, denn dies ist eine echte Kommunikation mit dem Verstorbenen.

Vielfach gibt der Verstorbene auch Zeichen, die wir anfangs gar nicht bemerken oder als Täuschung beziehungsweise Einbildung abtun. Diese Zeichen sind meist sehr dezent, unsere Lieben wollen uns keinesfalls erschrecken oder gar verängstigen. Stellt euch vor, ihr geht eine Treppe hoch und seht plötzlich die Seele eures Lieben oder auch nur einen kleinen Teil davon. Wie würdet ihr euch da verhalten? Wenn viele „Merkwürdigkeiten" passieren, dann ist das häufig keine Täuschung, sondern Zeichen der Verstorbenen – und sie wollen uns sagen: „He, ich lebe und mir geht es gut!"

Ein Zeichen von drüben können auch Gefühle sein! Das Gefühl der Ruhe und Wärme ums Herz ist zum Beispiel ein gutes Zeichen. Die Seele denkt an uns und schickt uns Energie und Liebe! Umgekehrt ist aber oft auch ein körperliches Gefühl der Kälte vorhanden, meistens, wenn sie uns berühren oder streicheln, man bekommt urplötzlich eine Gänsehaut. Diese Zeichen, liebe Freunde, kann ich euch leider nicht zeigen, man muss sie erleben.

Genug beschrieben und erläutert, kommen wir zum ersten sichtbaren „Zeichen" – Auszug aus einer Mail an mich:

„Mir ist etwas Unglaubliches passiert! Zunächst muss ich erklären, dass ich aus Griechenland komme und dort auch viel Zeit bei meiner Oma und meinem Onkel verbracht habe. Als mein Onkel vor ein paar Jahren starb, konnte ich leider nicht zur Beerdigung reisen, was ich zutiefst bedaure. Ich bat meine Oma, mir ein Bild von ihm zu schicken, leider hat sie es immer wieder vergessen.

Nun bekamen wir im Juni zweitausendundelf unser erstes Enkelkind. Mein Mann machte mit seinem Handy viele Fotos von dem Baby und zeigte diese allen Familienmitgliedern und Freunden.

Eines Tages wollte er wieder einmal als stolzer Opa die Babyfotos zeigen, als er dazwischen ein anderes Foto bemerkte. Er zeigte es mir – ich war sofort sehr aufgeregt! Ich konnte es nicht glauben, zwischen all den Babyfotos war ein verschwommenes Foto meines verstorbenen Onkels. Wir fragten uns natürlich, wie es dorthin gekommen ist. Früher gehörte das Handy mir, ich gab es meinem Mann, als ich mir ein neues angeschafft habe. Ich habe nie zuvor solch ein Foto von meinem Onkel gesehen oder gar besessen. Erst nach Wochen bekam ich dann endlich ein Foto zugeschickt. Kannst du mir erklären, wie das alles möglich ist?"

Seelen können alles beeinflussen, sogar die Technik von heute. Wie das genau vonstattengeht, kann ich leider nicht erklären. Es übersteigt unsere Vorstellungskraft und ist sehr schwer in Worte zu fassen.

Hier möchte ich gleich das zweite Beispiel einbringen – wie Seelen auch die Natur beeinflussen können:

Vor ein paar Jahren bekam ich Post von einer Frau, deren Mutter verstorben war. Sie wartete drei Wochen auf ein eindeutiges Zeichen, doch sie bekam zunächst keines. Eines Tages bekam ich eine aufgewühlte Mail von ihr: „Roland, stell dir vor, ich habe ein Zeichen bekommen, das unglaublich ist. Bitte halte mich nicht für verrückt.

Bevor meine Mutter starb, schenkte sie mir zum Geburtstag einen Rosenstrauch in einem Blumentopf, meine Mutter liebte Rosen über alles. Ich hingegen hatte nicht so das Händchen für Blumen. Ich stellte die Pflanze auf unseren Balkon und goss sie regelmäßig. Meine Mutter hatte immer geschimpft, wenn ich die verwelkten Blätter nicht abgeschnitten habe. Sie verstarb Ende Oktober. Die Rose hatte ich danach für drei Monate vergessen.

Im Januar war so viel Schnee auf unserem Balkon, dass ich mich überwinden musste, ihn bei minus vierzehn Grad wegzuschaufeln. Ich schippte so zehn Minuten, drehte mich dabei zur Fensterseite … und traute meinen Augen nicht: Die Rose blühte – mitten im Winter bei minus fünfzehn Grad! Hörst du: Bei *minus* fünfzehn Grad blühte sie wie im Frühling.

Ich wollte die Rose in die Wohnung stellen, doch der Topf war festgefroren wie ein Stein, auch die Blumenerde war es. Wie kann das denn möglich sein?"

„Seelen können die Natur beeinflussen, in deinem Fall die Rose. Du kannst es dir so vorstellen: Sie geben der Rose das Signal ‚Es ist Frühling!' und die Rose beginnt zu blühen. Deine

Mum wusste schon viel früher, dass du am vierzehnten Januar auf den Balkon zum Schneeschaufeln musst. Sie hat der Rose das Signal gegeben, dass sie an diesem Tag blühen soll. Es ist sehr kompliziert und für uns nicht erklärbar, wie Verstorbene es anstellen, uns so ein Zeichen zu geben."

Dass dies kein Einzelfall ist, zeigt das nächste Beispiel – eine blühende Iris zu Nikolaus:

Meine Seelenschwester und ihr Mann Rainer haben sich zu seinen Lebzeiten am sechsten Dezember immer ein kleines Geschenk in den Schuh gesteckt. Nun war Rainer im April zweitausendundneun heimgegangen, wollte ihr aber trotzdem gern eine Überraschung bereiten. Sie dachte, sie hat Halluzinationen, als sie am Nikolausmorgen auf das Beet an ihrer Terrasse schaute: Eine gelbe Iris blühte, eine Frühlingsblume mitten im Winter, wo am Tag vorher noch nichts zu sehen war. Etwas Ähnliches „zauberte" Rainer an deren Hochzeitstag am ersten März.

Meine Seelenschwester lässt ihre mediterranen Kübelpflanzen im Arbeitszimmer überwintern und die Bougainvillea wirft dann alle Blätter ab. Am ersten März zweitausendundzehn jedoch zeigte sich urplötzlich eine pinkfarbene Blütenrispe an der ansonsten völlig kahlen Pflanze, welche normalerweise erst im Hochsommer blüht, wenn sie draußen steht …

Eines Tages hatte ich wieder einmal einen Chat mit Toni und seiner verstorbenen Gefährtin Angie. Beider Hobby war früher das Segeln auf der Nordsee.

Plötzlich sagte Angie zu mir: „Schreib Toni mal, dass er einen Schluck trinken soll …" Ich fragte den Zurückgebliebenen: „Toni, hast du was zu trinken bei dir stehen?" Er antwortete: „Ja, ein Glas Milch." Ich ließ ihn wissen: „Angie sagt, du sollst mal einen Schluck davon trinken." Toni machte es und schrieb zurück: „Pfui Teufel, die Milch schmeckt ja total salzig …" Da hatte Angie ihm ein Meerwasseraroma in die Milch „gezaubert" – und auch wenn es eklig schmeckte, er hat sich sehr gefreut.

Auch Tiere können übrigens Zeichen geben – das habe ich zusammen mit meiner Frau und meiner Seelenschwester erlebt:

Ihr Collie, der schon neunzehnhundertfünfundachtzig starb und mit ihrer Mutter, die zweitausendunddrei heimgegangen war, beisammen ist, wie diese uns schon vor Jahren mitteilte, heulte plötzlich während einer medialen Sitzung. Wir drei hörten es ganz klar, es war genau das Heulen, das er nur mit der Mutter von sich gegeben hatte – die beiden hatten nämlich zu Lebzeiten immer miteinander „gesungen".

Während der Sitzung, bei der auch ihre Mutter durchkam, erzählte meine Seelenschwester von ihrem Hund, da gab er ihr ein Zeichen – er „sang" mit der Mutter und wir kamen mal wieder ins Staunen.

Die nächsten Beispiele werde ich ohne Kommentar und weitestgehend im Original wiedergeben:

„Als mein Lebensgefährte Silvio gestorben ist, also in dieser Sterbenacht, hat seine Mama mich wahnsinnig gemacht, weil sie ihre Uhr vermisste. Drei Tage lang haben sie, ihr Mann und Silvios Bruder nach ihr gesucht, ohne Erfolg. Diese Uhr lag *immer*, wenn sie sie abgemacht hatte, auf einer Kommode im Esszimmer. Nach drei Tagen war die Uhr plötzlich wieder da.

In der Nacht darauf klingelte es dreimal bei Silvios Eltern an der Haustür, aber seine Mama hatte zu sehr Angst, die Tür aufzumachen. Im Keller, der nach Silvios Unfall völlig ausgebrannt war, war plötzlich ein Herz an die Wand gemalt ..., das war vorher nicht da!

Im Musikkeller hing eine Trompete an der Wand, die schmolz während des Feuers zu einem Herzen.

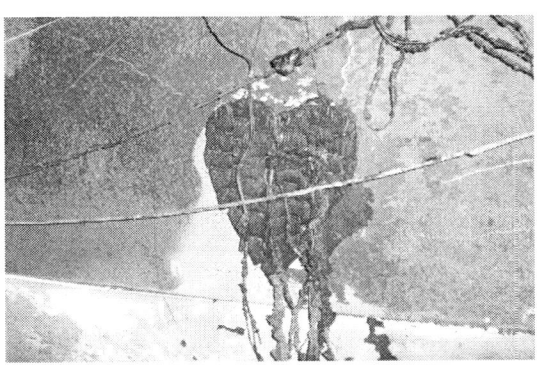

Als die Handwerker das Haus ausräumten, also wirklich alles rausholten – Decken, Holzboden, Türen –, standen für die Entsorgung draußen Container. Und als der letzte Container abfuhr, wurde der Hof gefegt, gründlich ...

Und was lag abends noch dort? Kleine rote Herzen aus Holz, die auf einem Bild von uns klebten ...

Wir hatten ein gemeinsames Lied – Tracy Chapman: ‚Talking About A Revolution‘.

Einen Tag, nachdem *das* passiert war, stieg ich bei meinem Bruder in die Badewanne, weil mir so kalt war – er hatte ein Radio im Bad – und ich dachte: ‚Hallo! Silvio, wo bist du?‘ Und genau in diesem Moment kam im Radio dieses Lied. Dann sah ich nur noch Federn und Herzen – überall! Er liebte Federn, hatte zwei Taubenfedern im Auto als Glücksbringer ...

Dann fuhren mein Neffe Dennis und ich zum Copyshop und wollten das Bild von Silvio für die Trauerfeier ausdrucken lassen – auf dem Rückweg hörten wir leise irgendeinen Radiosender. Jeder war in Gedanken versunken ... Mit einem Mal sprang der CD-Player an und es kam das Lied ‚Joy And Happyness‘ – das haben wir mal zu Dennis’ Geburtstag gehört. Soul, gar nicht Silvios Ding, aber *den* Song fand er gut!

Wir fuhren weiter und bemerkten etwas auf der Straße ... Dennis fuhr langsamer, auf der Straße lag so eine Art Kupferdraht, geformt zu einem S und einem C – Silvio und Claudia.

Dann erzählte mir Silvios Vater, in seiner Werkstatt stehe seit Jahren eine Glastür, die er noch irgendwo einbauen wollte. Die Tür stand links im Eingang und er hatte eine Tüte mit Scharnieren mit Panzerband verschlossen und an die Wand gehängt … Diese Tür stehe nun seit zwei Wochen rechts an der Wand und die Tüte mit den Scharnieren sei weg!

Niemand geht da sonst rein.

Und dann ..., nach der Beerdigung ..., wir sind abends noch mal zum Wassergrundstück seiner Eltern runter und sein Vater meinte, er wolle mal sehen, ob Silvio das Schild vom Wasseramt am Steg angebracht hat, als wir das letzte Mal dort waren – das war am vierundzwanzigsten Mai. Ich sagte ihm, dass ich von so einem Schild nichts wisse und dass ich sicher sei, er hat dort nichts angeschraubt. Wir waren dort doch immer zusammen. Aber das Schild war plötzlich dort befestigt!

Also ..., es gibt einen Ort, wo Silvio und ich immer mit den Hunden unterwegs waren, und nachdem er starb, war ich nie wieder dort. Eines Abends im letzten Jahr fuhr ich dann doch dahin ...

Ich ging mit den Hunden spazieren und dachte an ihn. Dann packte ich die Hunde ins Auto und fuhr nach Hause. Auf dem Weg dahin passierte ich ein Ortsschild auf der linken Seite und im Vorbeifahren sah ich etwas aus den Augenwinkeln, was aussah wie ein Herz. Ich trat also in die Bremsen, Rückwärtsgang rein und zurück ... Ich stieg aus, stand vor diesem Schild und sah so schemenhaft, wie aus Tau, ein Herz. Ich also, weil man denkt, man dreht durch, sprang wieder ins Auto und holte mein Handy hervor. Dann fiel mir ein, dass mein Blitzlicht am Handy nicht geht ..., machte aber trotzdem ein Bild. Das Blitzlicht ging an, ich traute meinen Augen nicht:

Ich machte die Nacht kaum ein Auge zu und fuhr am nächsten Morgen – Sonntag – wieder hin …

Kommen wir nun wieder zu einem Fall, der meiner Seelenschwester passiert ist:

Wir schrieben wie immer Mails hin und her, über Gott und die Welt. Bei einer Mail jedoch meldete sich mal wieder ihr Mann Rainer bei mir zu Wort und übermittelte mir, wie so oft, einen Satz auf Kölsch.

Ich tat mich immer schwer, wenn er mit seinem Dialekt durchkam – ich als Bayer verstehe dann kein Wort –, so ließ ich es mir langsam vorsagen, um es mitzuschreiben. Er sagte so etwas wie „töpsche schlecker". Ich konnte überhaupt nichts damit anfangen, schrieb es aber trotzdem, würde schon seinen Grund haben.

Meine Seelenschwester antwortete mir am nächsten Tag und schmunzelte, übersetzt heiße „Döppcheslecker" jemand, der den Topf ausschleckt. Sie tat das anscheinend gerne und erzählte, sie mache sich oft ein Essen, welches sie gleich aus dem Topf esse, wozu Teller nehmen?

Meine Seelenschwester erzählte ihrer besten Freundin, welche damals noch sehr skeptisch an das Thema „Jenseits und das Leben nach dem Tod" heranging, von der Botschaft. „Dieses Wort gibt es nicht im Kölner Dialekt, es muss ‚Düppellecker' heißen", meinte die Freundin. „Natürlich gibt es das", antwortete meine Seelenschwester, ließ die Sache dann aber auf sich beruhen. Ihre Freundin glaubte es nicht so wirklich. Eines Tages jedoch traf es sie mit voller Wucht!

Meine Seelenschwester wollte sie zu einem Arzttermin fahren und da sie dort eine Weile warten musste, beschloss sie, irgendein Buch zum Lesen mitzunehmen. Sie griff wahllos in das Bücherregal ihrer Freundin und erwischte ein Wörterbuch: Kölsch – Deutsch. Sie schlug es auf und traute ihren Augen nicht: Es steckte eine Art Lesezeichen darin, ein Stück Pappe einer Schokoladentafel. Genau diese Schokolade war die Lieblingssorte ihres Mannes gewesen. Die Freundin schaute sie ungläubig an.

Es ging noch weiter: Das Stückchen Pappe klemmte genau zwischen zwei Seiten, wo auf einer der beiden auch das Wort „Döppcheslecker" erklärt war. Die Freundin machte große Augen, riss die Seite heraus und sagte: „Hier, das kannst du behalten, das ist bestimmt für dich gedacht … Nein, das gibt es doch nicht …"

Bei einer späteren medialen Sitzung fragten wir Rainer, ob er da wirklich die Finger im Spiel gehabt hatte. Er bejahte und erklärte uns, er habe das Stück Pappe nirgends gefunden, sondern selbst „hergestellt" und in das Buch „geschmuggelt". Ich habe schon viel erlebt mit den Seelen, aber da war selbst ich mal wieder verblüfft.

Die Freundin ist seitdem „geheilt"…

Das nächste Zeichen ergab sich bei einer Trauerfeier, hier ein Beitrag aus meinem Forum:

„Letzten Samstag haben wir endlich die Asche meines Mannes der Nordsee übergeben, wie es sein Wunsch war. Das Wetter war leider mies, alles grau in grau und sehr diesig, so dass wir keine Fernsicht hatten. Zumindest war kein Gewittersturm, so wie es der Wetterbericht befürchtete. Ich hatte vorher den Garten gesäubert und Unmengen

Rosenblüten und Blütenblätter zurechtgemacht – nur für meinen Mann. Normalerweise schneide ich keine Rosen aus dem Garten ab, dafür sind sie mir viel zu ‚heilig' – da kaufe ich lieber welche.

Wir fuhren auf einem Hochseefischkutter namens ‚Andromeda' raus aus der Drei-Meilen-Zone, es schaukelte ganz schön und ich dachte: ‚Jetzt bloß keine Übelkeit, ich bin nämlich nicht gerade hochseetauglich.' Dann stoppte das Schiff nach einer Weile endlich und es erklang ‚Shine On You Crazy Diamond' von Pink Floyd, das hatte ich als Abschiedsmusik gewählt. Zu diesem Stück nahm ich als Erste die Urne, sagte meinem Schatz, dass er jetzt schwimmen dürfe, wie er's sich gewünscht hatte, und dass er im nächsten Leben keinen Unfug machen solle, damit er nicht wieder so krank werde, und dass wir uns ja eh sehen – bis bald.

Ich gab einen Teil der Asche ins Meer, während die anderen die Rosen hinterherwarfen. Die Asche glitzerte wie Goldstaub, obwohl ja null Sonne da war. Dann gab ich die Urne seinem Enkel weiter ..., so wanderte sie von Hand zu Hand und jeder konnte sich noch mal persönlich verabschieden, während alle anderen Blüten und Blütenblätter warfen.

Zwischenzeitlich hatte sich eine Gruppe neugieriger Möwen auf dem Wasser niedergelassen, hielt aber Abstand, als ob sie wüsste: Hier gibt nichts zu fressen.

Als die Asche verstreut und alle Blüten im Meer waren, gingen wir auf die andere Seite des Schiffs, um zu sehen, wie die Rosen im Strom davontreiben. Und in diesem Moment brach die Sonne durch, es war, als hätte jemand einen Spot da oben eingeschaltet. Und rundherum war alles nach wie vor grau ...

Und dann lösten sich nacheinander zwei Möwen aus der Gruppe und flogen mittenhinein in das beleuchtete Blütenmeer! Sie schwammen ganz nahe beieinander und versuchten auch nicht, nach den Blumen zu picken, total ‚meditativ‘ und gar nicht frech, wie Möwen sonst so sind. Die anderen Vögel hielten weiterhin Abstand und schauten zu.

Das Schiff drehte noch eine Ehrenrunde um die Stelle und ließ zum Abschied dreimal die Schiffshupe ertönen und in dem Moment, als wir Kurs zurück auf die Küste nahmen, verschwand die Sonne wieder hinter den grauen Wolken. Es war wieder total diesig, nur der Wellengang hatte nachgelassen, die Nordsee war glatt wie Öl.

Magisch ...

Ein weiterer Beitrag:

„Wie ich schon in meiner Mitgliedervorstellung erwähnt habe, hat mein Vater sich am zehnten April neunzehnhundertachtundachtzig, im Alter von sechsundfünfzig Jahren, das Leben genommen.

Einen Tag später, morgens gegen sieben Uhr dreißig, rief die Kripo bei mir an. So schnell bin ich noch nie bei meinen Eltern gewesen! Im Keller war ein Menschenauflauf und ich bin natürlich erst mal dort runter. Auf dem Boden lag mein Vater, er hatte sich erhängt, sie hatten ihn wohl gerade abgeschnitten. Der Polizist schickte mich sofort nach oben.

Meine Mutter war total fertig und so beschloss ich, erst mal bei ihr zu bleiben. Am Abend, als wir uns schlafen legten, sagte meine Mam: ‚Warum ist er von uns gegangen?‘ Ich antwortete: ‚Wieso, er ist doch da.‘ Ich weiß bis heute nicht, warum ich das sagte. Ich blieb eine Woche bei ihr.

Als ich den ersten Tag wieder zu Hause schlief, hatte ich einen Traum – mein Paps stand vor meinem Bett und sagte zu mir: ‚Birgit, was willst du in meinem Bett, hast du kein Zuhause?‘ Ich fand das alles schon ziemlich unheimlich, aber es sollte noch schlimmer kommen … Ich hatte nachts ständig das Gefühl, als wenn er vor der Schlafzimmertür stünde. Es klopfte an der Tür und ich hatte bald richtig Panik. Ich erzählte meiner Mam davon und auch ihr und meiner Schwester erging es nicht anders. Außerdem strich bei meiner Mutter immer etwas über ihr Kopfkissen.

Dann sah ich durch Zufall eine Sendung auf Radio Television Luxemburg, ich glaube, sie hieß ‚Unheimliche Begegnungen‘. Das war die Zeit, in der ich mich für diese Themen zu interessieren begann. Ich kaufte nur noch esoterische Literatur.

Während der Arbeitszeit dachte ich einmal, mein Vater stehe vor dem Schaufenster. Ich erkannte genau sein graues Sakko und seinen gelben Pulli. Ich rannte los, aber als ich draußen war, war dieser Mann verschwunden. Meine Kollegin sagte zu mir: ‚Du siehst so blass aus, hast du etwa einen Geist gesehen?‘ Na ja, so kam ich mir vor, denn so etwas passierte dann öfter.

Das Ganze ging circa vier Jahre so.

An einem Sonntagmittag rief mich meine Schwester an und erzählte voller Panik: ‚Du, Papa sitzt bei mir auf der Couch.‘ Ich fragte sie nur: ‚Sag mal, hast du getrunken?‘ Sie antwortete: ‚Wir waren zwar zum Frühschoppen und ich habe drei Glas Sekt getrunken, aber betrunken bin ich nicht.‘ Da sie so panisch war, sagte ich zu ihr: ‚Nimm ein Taxi und komm zu mir, aber lass Papa auf der Couch.‘

Zu diesem Zeitpunkt glaubte ich meiner Schwester kein Wort, aber ich sollte eines Besseren belehrt werden … Wir unterhielten uns und zwischendurch hatte ich immer das Gefühl, als sei sie weggetreten. Plötzlich sagte sie: ‚Papa sitzt bei dir auf dem Bett.‘ Mir wurde ganz komisch zumute. Was mir auch sehr merkwürdig vorkam: Ihre Hündin verhielt sich sehr eigenartig. Dass meine Katze sich verkrochen hatte, fiel mir zuerst gar nicht auf. Als es dann schon fast zwei Uhr morgens war, sagte meine Schwester plötzlich: ‚Papa geht zu Thorsten‘ – meinem Sohn – ‚und will ihn noch mal sehen.‘ Auf einmal fragte sie: ‚Birgit, willst du nicht schlafen gehen? Seit wann hast du Angst vor deinem Vater?' Eine kurze Pause trat ein, plötzlich sagte sie: ‚Ich komme vorläufig nicht wieder.' Danach war Ruhe und wir gingen schlafen.

Ich war sehr aufgewühlt und überlegte, ob meine Schwester mir Theater vorgespielt hatte, denn sie schlief auf der Stelle ein. Aber seither ist Ruhe.

Irgendwann habe ich meinen Vater mal um ein Zeichen gebeten, ich wollte wissen, ob es ihm gut gehe. An einem Samstagmorgen wachte ich auf, es war kurz bevor mein Wecker klingelte. Da stand eine helle männliche Gestalt vor meinem Bett, es ging so viel Liebe, Güte und Frieden von ihr aus.

Ich war total neben der Spur …"

Das nächste Zeichen kommt aus meiner eigenen Verwandtschaft:

Meine Schwiegermutter hatte an einem sechsten Oktober Geburtstag, mein Schwiegervater lag zu diesem Zeitpunkt schon im Sterben und konnte nicht mehr reden oder seine Augen öffnen. Er kämpfte aber darum, dass er diesen Tag noch überleben dürfe – am nächsten Tag schlief er ruhig ein.

Noch am selben Abend bekam dann meine Schwiegermutter ein Zeichen und ihr Geschenk vom ihm. Sie hörte ein Geburtstagslied, das sonst niemand vernehmen konnte. Sie freute sich über dieses Zeichen natürlich sehr. Über dem Krankenbett meines Schwiegervaters, welches noch im Wohnzimmer stand, bewegte sich plötzlich das Glockenspiel.

Meine Schwiegermutter stand auf, um es aus nächster Nähe zu betrachten. Sie schaute ganz gespannt darauf, bis es schließlich verstummte. Ihr Blick fiel auf das Bettlaken und sie traute ihren Augen nicht: Mitten im Bett auf das Laken war eine Rose gemalt. Meine Schwiegermutter liebte Rosen und somit gab ihr mein Schwiegervater ihr „Geburtstagsgeschenk".

Sie freute sich über dieses spezielle Zeichen sehr.

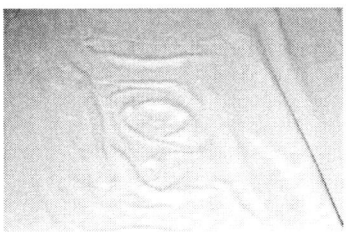

Und nun zum letzten Bericht:

„Mein Vater fiel nach schwerer Krankheit am siebzehnten Januar zweitausendundzehn ins Koma, nachdem seine Organe versagten. Ich hätte ihm noch so viel zu sagen gehabt und war sehr traurig. In den letzten Tagen, bevor er drei Tage später starb, saß ich an seinem Bett und redete mir alles von der Seele. Nach seinem Tod quälte mich die Ungewissheit, ob er alles gehört habe oder nicht.

Nach einigen Wochen hatte ich einen Traum, er war anders als alle anderen Träume, die ich sonst so habe. Es war irgendwie wie ein Kurzfilm: Mein Vater und ich saßen an einer Strandbar in Spanien, dem Urlaubsort, an dem wir früher, als ich noch ein Kind war, immer die Ferien verbracht hatten. Mein Vater sah jung und gesund aus. Ich fragte ihn, ob er mich im Krankenhaus verstanden habe, und er lächelte und sagte: ‚Schatz, mach dir keine Gedanken, ich habe jedes Wort gehört.‘ Da wachte ich auf und war erleichtert.

Ich bin überzeugt, dass das ein Zeichen meines Vaters war ...“

Kapitel 3
Heimweh der Seele

Heimweh – dieses Gefühl kennt bestimmt jeder von uns und sicher hatte jeder schon einmal das Gefühl, wieder in seine Heimatstadt oder sein Heimatland zurückkommen zu wollen, sei es, weil er umgezogen ist oder auch nur während einer auswärtigen Schulung oder eines Urlaubs. Das schmerzliche Vermissen der vertrauten Umgebung ... Heimweh ist ein Gefühl, welches entsteht, wenn jemand entfernt von seiner gewohnten Heimat ist.

Aber was, wenn man in seiner gewohnten Heimat lebt und trotzdem dieses Gefühl, nicht zu Hause zu sein, verspürt? Vielleicht geht man auf die Suche – man zieht in eine andere Stadt oder in ein anderes Land. Zunächst ist alles aufregend und schön. Man ist überwältigt von dem Neuen, man erkundet alles, die Sinne laufen auf Hochtouren, um alle Eindrücke der neuen Heimat zu verarbeiten.

Doch nach einiger Zeit hat man erneut das Gefühl, umziehen zu müssen ... Immer wieder sucht man nach dem Ort, nach dem sich die Seele sehnt und von dem man nicht weiß, wo man ihn finden soll.

Man findet diesen Ort nicht hier auf Erden, aber das ist den meisten dieser „Suchenden" nicht bewusst. Sie wissen nicht, dass sie in Wirklichkeit „Heimweh ins Jenseits" haben. Dieses Gefühl ist eher selten und für die meisten nicht betroffenen Menschen nicht nachvollziehbar – nur allzu leicht wird es als Depression und Suizidalität bezeichnet – aber das ist es nicht.

Es ist wie ein „Instinkt" der Seele zu wissen, dass die Erde nicht ihr wahres Zuhause ist. Sie erinnert sich daran, dass das Jenseits ihre Heimat ist – entweder, weil nicht alle Erinnerung bei der irdischen Geburt gelöscht wurde, wie es normalerweise geschieht, oder weil ein Teil der Erinnerung im Laufe des irdischen Lebens wieder hochkommt.

Selbst wenn man eine glückliche Beziehung führt, sich Kindern erfreut, relativ sorgenfrei lebt und eigentlich alles hat, was man braucht, und somit eigentlich rundum zufrieden sein könnte – es ändert nichts am Heimweh.

Da ist ein Gefühl der Sehnsucht, im Portugiesischen gibt es das Wort „saudade", welches dieses Gefühl ausdrückt und eigentlich als unübersetzbar gilt. Die Sehnsucht nach „Ich weiß nicht was", nach etwas Unbestimmbarem.

Die Seele sehnt sich nach der allumfassenden Geborgenheit, die sie im Jenseits erfahren hat und die sie im irdischen Dasein nie erreichen kann. Ein schmerzliches Gefühl der Trennung.

Du darfst dieses Gefühl auch gerne anders nennen. Manche empfinden es als Sehnsucht im Inneren, als ein Wissen, das sich nicht zu erkennen gibt, einen Hunger, der kaum zu stillen ist, oder eine Rastlosigkeit, die von der Ruhe träumt. Wie ein Wort, das einem auf der Zunge liegt, ist dieses Gefühl, wie ein Weg, den man kennt, obwohl man ihn nie gegangen ist.

Das Heimweh hat viele Gesichter. Es ist die diffuse Wahrnehmung eines Sinnzusammenhangs, ein Moment der Rührung angesichts der Vollkommenheit, ein Geschmack vom Schönen und Erhabenen – angesichts eines sternenklaren Himmels, eines Sonnenaufgangs oder eines verschneiten Waldes … Ein Verlangen, das dich daran erinnert, wer du bist.

Du kannst diesem Gefühl in einem Moment der Stille nachspüren, kannst dich fragen, was es ausmacht, was es ist, und was es dir über dich verrät. Es verrät dir vielleicht, dass die vielen Wünsche, die du hast und die so laut schreien, nur den tiefsten leisen Wunsch überdecken, der eigentlich in dir brennt: die lebendige Verbindung zu spüren zwischen deiner Heimat und dir, zwischen der göttlichen Quelle und deinem Selbst, zwischen der bedingungslosen Liebe und den Dingen in deinem Leben, die von ihr gesegnet werden möchten. Es verrät dir vielleicht, dass jedes Mal, wenn du den Sternenhimmel siehst und dir klein vorkommst angesichts dieser Größe, das Große dich umschließt, dich durchdringt, ja auch von dir und durch dich lebt, weil du Teil davon bist.

Es verrät dir vielleicht, dass in leisen Momenten eine Stimme zu dir spricht, die es besser weiß. Die besser weiß, welche Dinge dir guttun, welche Gespräche du führen möchtest und welche Beziehungen du haben möchtest. Es verrät dir vielleicht, wie groß du bist und wie groß deine Möglichkeiten sind, wenn du deine Gedanken, Worte und Handlungen so einsetzt, dass sie die Freude unter den Menschen mehren. Es verrät dir vielleicht, dass du Sehnsucht danach hast, geliebt zu sein, bedingungslos geliebt, und dass es dich schmerzt, dich getrennt von dieser Liebe zu fühlen.

Aus Heimweh wird Erkenntnis.

Und dann, wenn du wieder hinhörst und wieder hinsiehst und dem Gefühl nachspürst, dann verrät es dir vielleicht auch, dass diese Trennung nur eine ist, weil sie sich wie eine anfühlt. Und dass sie überwunden ist in dem Moment, in dem du dich vertrauensvoll in die Gewissheit begibst, unendlich geliebt zu sein, unendlich gewollt zu sein und unendlich schöpferisch zu sein als Teil eines Bewusstseins, das jeden Tag alles hervorbringt, was du im Leben zu Gesicht bekommst.

Dann wird aus dem Heimweh, das ein liebliches Wissen und ein sehnsüchtiger Schmerz zugleich ist, eine Erkenntnis, die Erkenntnis von der Einheit mit allem und der Einheit mit dem göttlichen Quell. *Aus den Forum Jenseitsansichten, Verfasser Sahne.*

Viele User meines Forums, die eine solche Sehnsucht kennen, beschreiben, dass sie sich fremd in der Welt fühlen, nicht dazugehörig, wie ausgesetzt und abgetrennt von allem.

Wie ein „Außerirdischer" – oder wie ein Mensch auf einem fremden Planeten – so oder so …

Meist hatten sie dieses Gefühl schon in der frühen Kindheit: „Ich gehöre hier nicht hin …, eigentlich ist dies ja meine Familie …, aber es ist nicht wirklich meine Familie. Wo ist meine Familie?" Und so begeben sie sich mit ihrem Verstand auf die Suche nach etwas, was ihre Seele längst weiß – den Platz, an dem sie sich wirklich heimisch fühlen, den Ort ihrer wahren Heimat.

Viele hält es im irdischen Leben nie sehr lange an einem Ort, in einem Job oder bei Menschen – besonders bei Letzteren sind sie intuitiv oft sehr wählerisch. Nach einer Weile schmeckt ihnen alles „schal" – es sei denn, sie treffen auf einen Seelenverwandten. Trifft der Mensch auf eine im Jenseits verwandte oder befreundete Seele, so kann diese ihr auf Erden zumindest etwas Halt und Heimatgefühl geben.

Manche dieser Menschen mit Heimweh kommen aber im Laufe ihres irdischen Lebens ihrer Seele, ihrem höheren Selbst, wieder so nah, dass ihnen bewusst wird: Die Suche hier auf Erden wird zu nichts führen – ich vermisse eine andere als die irdische Heimat … So können sie ihre Rastlosigkeit aufgeben und ruhiger werden, dieses tiefe Wissen ist wie eine Wiege, die sie sanft schaukelt.

Nichts kann mir passieren …

Wie ist es möglich, dass dieses Heimweh zustande kommt und warum? Hier hole ich ein wenig weiter aus und baue den Seelenplan mit ein.

Der Bericht einer betroffenen Person, welcher jetzt folgt, ist ein Ergebnis ihrer erlebten hypnotischen Rückführung in das Leben zwischen den Leben, also die Zeit im Jenseits zwischen zwei Inkarnationen – nach Michael Newton, der diese Methode entwickelt hat – und von mir geleiteter medialer

Schreibsitzungen mit verschiedenen Geistführern und der entsprechenden Person.

Wir beginnen die Reise im Jenseits, wo unser aller Ursprung ist. Im Jenseits planen wir unsere Eckpunkte, die wir „erleben" wollen oder sollten. Keiner zwingt uns Seelen zu etwas, aber wir wissen: Durch Erfahrungen rücken wir der „Vollkommenheit" immer ein wenig näher und deshalb wollen wir sie machen – oder auch ungelöste Konflikte aus dem vorherigen Leben zu einem Ende führen.

Wir suchen oder lassen uns finden von zu uns passenden Seelen – wie Schauspieler auf einer Bühne, die ein bestimmtes Spiel aufführen wollen, sei es Drama oder Komödie. Eine Handvoll Seelen jedoch planen wir intensiver als andere – ich nenne es jetzt mal die „Kerngruppe", welche aus circa fünf bis zehn Seelen besteht. Natürlich variieren die Gruppen stark – jeder Mensch hat eine andere, mehr oder weniger große Kerngruppe, so etwas wie auf Erden den „engsten Familienkreis". Diese Kerngruppe kann sich auch an eine andere Kerngruppe „anheften" – als enger Freundeskreis. Somit erweitert sich der Bereich.

Man muss hier allerdings streng unterscheiden zwischen dem, was wir im Irdischen unter „Familie" verstehen und was im Jenseits eine „Seelenfamilie" ist. Viele unserer jenseitigen Familienmitglieder und Seelenfreunde mögen in unserer aktuellen Inkarnation nicht mit uns inkarniert sein – je weniger es sind, desto größer mag das „Heimweh" zu ihnen und ins Jenseits sein, desto fremder fühlt man sich auf Erden, da man ja in der Tat nur „Fremde" um sich hat.

Wenn die Seele solch einen Plan verfolgt, also relativ einsam zu inkarnieren, ohne verwandte oder befreundete Seelen, hat sie ihre Gründe. Das „Heimweh" aber plant sie nicht selbst – es ist laut Aussage der Guides viel mehr ein „Geschenk" von Gott, welches ihr für diesen recht schweren Plan gewährt wird, so etwas wie ein inneres Wissen, welches von Anfang an da ist und immer wieder aufgefrischt wird: „Es dauert nicht ewig, du wirst wieder nach Hause kommen, dies ist nur eine Etappe, aber nicht deine wirkliche Heimat" – eine „Durchhalteparole".

Manche Erinnerungen wie zum Beispiel das Wissen um die „Heimat" werden bei der Geburt nicht, wie üblich, gelöscht und diese Menschen wissen intuitiv auch, dass Suizid – so gern sie auch wieder nach Hause gehen würden – keine Option ist und für sie niemals sein kann. Auch mancherlei „Vorahnungen" gehören dazu – es sind in Wirklichkeit ja „Erinnerungen an den Plan", den die Seele vor ihrer Inkarnation auf Erden gemacht hat.

Kommen wir zurück auf das einfache, aber dennoch nicht leicht zu lebende Beispiel der vier Seelen, welches in der Rückführung so erlebt wurde: Diese vier Seelen, die die irdische Kerngruppe bilden werden, sitzen an einem Lagerfeuer und besprechen nur noch kleine Details, der gesamte Plan wurde schon geschrieben und mit den Guides abgesprochen, damit sich keine Seele zu viel an Erfahrungen beziehungsweise Lernaufgaben vornimmt auf Erden.

Eine dieser Seelen möchte aber lieber doch nicht inkarnieren, sie sieht genau, sie wird die Geborgenheit, die Liebe vermissen. Sie hat sich wohl ein wenig „übernommen" mit ihrem Plan, war zu überschwänglich, was sie alles erleben und erfahren will – sie hat geplant, ganz allein zu inkarnieren –, außer zwei Seelen, die sie erst nach vielen Jahren treffen wird, sind alle anderen „fremd", nicht aus ihrer Seelenfamilie oder Freundeskreis. Ihr Seelenpartner, der auch ihr Mann sein wird auf Erden, redet ihr gut zu, auf dass sie mit der Gruppe zusammen inkarniert und sie alle gemeinsam durch das Menschsein gehen können. Alles ist ja schon aufeinander abgestimmt – jede Handlung, jedes irdische Schicksal beeinflusst das der anderen Beteiligten. Die Seele fürchtet sich trotzdem ein wenig, ihr Plan erscheint ihr jetzt etwas zu hart.

Die anderen beiden Seelen, ihre zukünftige Mutter und ihr zukünftiger Vater, warten nur auf das Okay ihrer zukünftigen Tochter, sie sagen nichts dazu und bleiben passiv.

Die Seele zögert noch ein wenig, aber plötzlich sieht sie hinter dem Lagerfeuer eine andere vorbeigehen, welche jedoch einer anderen Kerngruppe, einer befreundeten Gruppe, angehört. Diese Seele wird sie irgendwann im letzten Abschnitt ihres Lebens begleiten und eng mit ihr befreundet sein. In der Rückführung trug diese Seele ein besonderes Erkennungszeichen und die betreffende Person erkannte es sofort.

Heute sind die beiden tatsächlich eng befreundet. Sie erkannten sich auch im Leben sofort – dieses Erkennungszeichen mag schon im Jenseits abgesprochen worden sein. Ihr Seelenpartner nimmt ihre Hand und sieht sie an und sagt ganz leise zu ihr: „Geh'n wir?" Sie nickt kurz und ihre Mutter und ihr Vater beginnen, auf die Erde zurückzukehren. Die Eltern gehen vier Sekunden, bevor sie geht, ihr Seelenpartner einen Wimpernschlag vorher und dann geht sie hinterher.

Um es jetzt einmal zu verdeutlichen, warum im Jenseits die Zeit keine Rolle spielt: Die Eltern gingen im Jenseits vier Sekunden vor der Seele, dann folgte sie. Vier Sekunden? Unmöglich, denn so junge Eltern gibt es nicht … Richtig, aber diese vier Sekunden waren auf der Erde fünfundzwanzig bis dreißig Jahre. Ihr Lebenspartner ist einen Wimpernschlag vor ihr gegangen – sechs Jahre … Jetzt, wo sie auf der Erde sind, beginnt ihr eigentlicher Lebensplan ...

Dieser sah erst einmal vor, dass beide Seelenpartner eine Weile – circa vier Sekunden im Jenseits, dreißig Jahre auf der Erde – ganz eigene Lebenswege verfolgen würden. Die Seele, die „ganz allein" inkarnieren wollte und schon als Kind das

Heimweh verspüren würde – ich nenne sie der Einfachheit halber jetzt „X" – fühlte sich fremd und war ständig „auf der Suche" nach einem Ort, einem Menschen ..., bei dem sie sich zu Hause fühlen konnte. Sie wusste nie so recht, was sie wollte, aber immer, was sie nicht wollte – und das war so einiges.

Ihr Seelenpartner – „Y" – hatte einen etwas anderen Plan. Auch er war in seiner „Blutsverwandtschaft" nicht heimisch, suchte hier und dort, war lange Jahre unstet, gründete aber zunächst eine eigene, andere Familie und gab zwei Seelen die Gelegenheit zu inkarnieren. So ging es, bis „X" dreißig Jahre alt und „Y" sechsunddreißig war – oder vier Sekunden vergangen waren.

Was jetzt folgt, ist ganz unglaublich: Eines Abends kam „X" nach Hause, war müde und wollte eigentlich nicht mehr ausgehen ..., aber ein innerer Drang trieb sie in eine alte Stammkneipe aus ihrer Studentenzeit, in der sie schon lange nicht mehr gewesen war. Warum eigentlich? Sie wusste es nicht, aber sie fuhr hin und betrat das Lokal. Dort stand „Y" an der Theke, der drehte sich um, nahm sie in den Arm und küsste sie.

Sie kannten sich bislang nur ganz flüchtig vom Sehen, hatten nie auch nur ein Wort miteinander gesprochen. Normalerweise hätte sie sich so etwas niemals gefallen lassen – und trotzdem war „X" in diesem Moment klar: Jetzt bin ich zu Hause. Endlich ...

Fortan waren die beiden unzertrennlich, sie sprachen später oft darüber und lachten – beide waren überzeugt: Uns haben unsere Engel zusammengeführt – die wollten bestimmt miteinander Karten spielen, nur so kann's gewesen sein ... Vom „Plan der Seele" hatten sie damals noch nichts gewusst.

In den folgenden gemeinsamen Jahren ging es der heimwehgeplagten Seele „X" sehr viel besser – aber das Heimweh war nie ganz verschwunden. Das Zusammenleben mit ihrem jenseitigen Seelenpartner milderte jedoch vieles und tröstete sie insofern, als sie sich mit ihrem irdischen Dasein anfreunden konnte.

Zum Schluss möchte ich noch ein Gedicht anfügen – von Hans Bogislav, einst Graf von Schwerin –, welches dieses spezielle Gefühl sehr schön ausdrückt:

Heimweh

Wenn ich nachts dem Winde lausche,
Seinem Säuseln, seinem Weh'n,
Manch ein Wort ich mit ihm tausche –
Denn ich kann sein Lied versteh'n.

Singt er doch von alten Zeiten
Und sein Seufzen, sehnsuchtsschwer,
Möchte wohl mich heimgeleiten,
Doch die Heimat – ist nicht mehr. –

Frag' ich ihn, wo sie verblieben,
Die ich einstmals um mich sah,
Meint er tröstend: „Deine Lieben,
Obgleich fern, sind Dir doch nah."

Mahnt mich auch an's Abschiednehmen
Von den Dingen dieser Zeit,
Die entschwinden wie ein Schemen
In das Meer der Ewigkeit.

Und dann flüstert es ganz leise,
Wie von jenseits einer Tür:
„Bald von Deiner Erdenreise

Trittst Du froh zu uns herfür.
Wirst bei uns die Heimat finden,
Die Du dort verloren hast.
Lern', Dein Weh zu überwinden!
Bist auf Erden nur ein Gast." –

Wehe, Nachtwind, wehe weiter;
Denn Dein Säuseln hör ich gern!
Bist mir doch ein Heimgeleiter
Hin zu einem lichten Stern.

Kapitel 4
Trauerbewältigung und Trauerarbeit

Wirklich vorbereitet ist niemand auf die Nachricht, dass ein nahestehender Mensch gestorben ist. Gedanken und Gefühle kommen zum Vorschein, die mächtig und beängstigend sind. Plötzlich verliert man selbst den Boden unter den Füßen und das Gefühl will nicht verstummen, dass der Schmerz jemals wieder der Freude und dem Glück weichen könne.

Trauer ist überwältigend. Die Gefühle sind unausweichlich und intensiv. Bis sich ein Trauernder wieder im seelischen Gleichgewicht befindet, ist es ein sehr langer Weg. Dennoch erwartet die Gesellschaft, auch der Freundeskreis, dass wir schnell wieder „funktionieren" und uns wieder so verhalten wie immer. Platz für Trauer bleibt leider viel zu oft versagt.

Im Umgang mit Trauernden ist deren Umfeld oft überfordert. Gut gemeinte Ratschläge wie „Das wird schon wieder", „Die Zeit heilt alle Wunden" werden missverstanden und fehlinterpretiert. Das führt zu gegenseitigen Verletzungen und reißt immer weitere Wunden auf. Es endet meistens in sehr großem Streit und die Familie ist zerstritten.

Wenn Angehörige jedoch lernen, grundlegende Verhaltensmuster Trauernder zu verstehen und liebevoll-geduldig zu ertragen, wird das Miteinander leichter. Egal wie schwer das eigene Schicksal auch erlebt wird: Trauernde bitten nicht um Hilfe. Zu sehr sind sie auf sich selbst und ihre eigene Problematik fixiert. Es ist am Anfang schwer, an sie „ranzukommen". Diese Haltung bedeutet aber nicht, dass sie sich nicht helfen lassen wollen. Vielmehr sitzt die schmerzhafte Erfahrung des verlustvollen Alleingelassenseins einfach zu tief.

Unbewusst spielt sicher auch die Angst vor Ablehnung eine wesentliche Rolle. Die eigene Erfahrung des

„Verlassenwerdens" bringt für den Trauernden letztendlich gerade dies zum Ausdruck: ein abgelehntes Hilfegesuch. Auch wenn dies oft als bewusstes „Alleinseinwollen" missverstanden wird: Trauernde sehnen sich nach jeder noch so geringen Geste der verständnisvollen Zuwendung und des aufrichtigen Interesses. Obwohl ihr Blick für die Bedürfnisse anderer vorübergehend deutlich eingeengt ist, sind und bleiben sie doch auf menschliche Nähe angewiesen.

Verständnisvolle Begleitung wird dies berücksichtigen und gegebenenfalls behutsam lenkend eingreifen und immer und immer wieder den Kontakt suchen. Viele Helfer geben nach einem gewissen Zeitraum auf und denken, es habe keinen Sinn, ihnen weiterzuhelfen. Schnell ist gesagt: „Ruf mich an, wenn du was brauchst."

Trauernde rufen nicht zurück und sind doch im Grunde für jeden Anruf dankbar. Gerade das Telefon bietet eine unaufdringliche Möglichkeit, Interesse zu bekunden. Ohne in den häuslichen „Schutzbereich" des Trauernden einzudringen – was unter Umständen als Bedrohung empfunden wird –, zeigt ein Anruf dem Trauernden: „Ich bin nicht alleingelassen und vergessen. Ich bin es wert, dass man Zeit mit mir verbringt."

Leider lehrt uns das Alltagsleben nicht, was zu tun ist, wenn ein geliebter Mensch stirbt. Doch wie wir auf den Tod eines lieben Menschen reagieren oder jemanden trösten, der einen Freund oder Angehörigen verloren hat, kann viel dazu beitragen, Trost zu finden und mit der Situation fertigzuwerden. In beiden Fällen gibt es Dinge, die helfen können.

Die verschiedenen Trauerphasen:
1. Der Tod eines Menschen schockiert immer, auch wenn er nicht unerwartet kommt. Auf einmal ist alles anders. Verzweiflung, Hilf- und Ratlosigkeit herrschen vor. Das

Geschehene wird noch nicht erfasst, man leugnet es ab, man kann und will es nicht glauben. Man schreit es förmlich heraus. Viele Menschen sind wie erstarrt, verstört und völlig apathisch. Andere geraten außer Kontrolle, brechen zusammen. Der Tod hat etwas Überwältigendes, der Schock sitzt tief. rascher Pulsschlag, Schwitzen, Übelkeit, Erbrechen, motorische Unruhe.

Diese Phase kann wenige Stunden bis – vor allem bei plötzlich eingetretenen Todesfällen – mehrere Wochen dauern. Leider gibt es auch Menschen, die bis heute nicht glauben, dass ihr Liebling verstorben ist. Sie suchen die Welt regelrecht ab nach ihren lieben Menschen. Selbst nach fünf Jahren sind sie noch auf der Suche nach ihnen. Selbst ein Bild vom Toten konnten sie bis heute nicht akzeptieren.

2. Gefühle bahnen sich nun ihren Weg. Leid, Schmerz, Wut, Zorn, Freude, Traurigkeit und Angst können an die Oberfläche kommen. Je nach der Persönlichkeitsstruktur des Trauernden herrschen verschiedene Gefühle vor:

„Warum musste es ausgerechnet mich treffen?"

„Womit habe ich das verdient?"

„Warum hat es keinen Menschen getroffen, der sowieso schon alt ist?" oder „Warum hat es keinen kranken Menschen getroffen, der sowieso im Koma liegt?"

Das sind Fragen, die sehr leicht aufkommen. Man schreit seinen Schmerz heraus, Wut und Zorn entstehen gegen Gott und die Welt.

Aber auch gegen den Toten werden Vorwürfe gerichtet:

„Wie konntest du mich nur im Stich lassen?"

„Was soll nun aus mir werden?"

„Warum hast du nicht auf mich gehört?

Diese aggressiven Gefühle können sich aber auch gegen einen selbst richten:

„Hätte ich nicht besser aufpassen müssen?"

„Hätte ich das Unglück nicht verhindern können?"

„Habe ich etwas übersehen?"

Als Folge davon entstehen Schuldgefühle, die den Trauernden quälen.

All diese Gefühle, die zu diesem Zeitpunkt über einen hereinbrechen, sollte man keineswegs unterdrücken. Sie helfen dem Trauernden, seinen Schmerz besser zu verarbeiten. Werden sie jedoch unterdrückt, so können diese Gefühle viel zerstören, sie führen dann nicht selten zu Depressionen und Schwermut.

Die Dauer dieser Phase lässt sich nur schwer abschätzen, denn jeder Mensch trauert anders.

3. Auf jeden Verlust reagieren wir mit Suchen. Was wird eigentlich in der Trauer gesucht? Zum einen der reale Mensch, das gemeinsame Leben, gemeinsame Orte mit Erinnerungswert. Auch in den Gesichtern Unbekannter wird nach den geliebten Gesichtszügen gesucht. Gewohnheiten des Verstorbenen werden übernommen.

Gemeinsame Erlebnisse sollen Teile der Beziehung retten und werden gleichsam als „Edelsteine" gesammelt. Dies erleichtert die Trauer. In inneren Zwiegesprächen wird eine Klärung offener Punkte möglich, kann Rat eingeholt werden. Durch diese intensive Auseinandersetzung entsteht beim Trauernden oft ein starkes Begegnungsgefühl. Das ist unheimlich schmerzhaft und unendlich schön zugleich!

Im Verlaufe dieses intensiven Suchens, Findens und Wiedertrennens kommt einmal der Augenblick, wo der Trauernde die innere Entscheidung trifft, wieder ja zum Leben und zum Weiterleben zu sagen oder aber in der Trauer zu verharren.

Je mehr gefunden wird, was weitergegeben werden kann, umso leichter fällt eine Trennung vom Toten. Dieses Suchen lässt aber auch oft eine tiefe Verzweiflung entstehen, weil die

Dunkelheit noch zu mächtig ist. Suizidale Gedanken sind in dieser Phase relativ häufig.

4. Nachdem man seinen Schmerz herausschreien, anklagen und Vorwürfe machen durfte, kehrt allmählich innere Ruhe und Frieden in die Seele zurück. Der Tote hat dort seinen Platz gefunden.

Langsam erkennt man, dass das Leben weitergeht und dass man dafür verantwortlich ist. Es kommt die Zeit, in der man wieder neue Pläne schmieden kann. Der Trauerprozess hat Spuren hinterlassen, die Einstellung des Trauernden zum Leben hat sich meist völlig verändert.

Der Verstorbene bleibt ein Teil dieses Lebens und lebt weiter in den Erinnerungen und im Gedenken. Menschen den Verlust verleugnen, die Auseinandersetzung mit dem Geschehenen vermeiden und den Trauerschmerz unterdrücken durch Medikamente, Alkohol, exzessives Arbeiten kann sich verhängnisvoll auswirken.

Trauer kann krank machen, wenn sie unterdrückt wird, das heißt, wenn wir sie nicht zum Ausdruck bringen und verdrängen, wenn wir in einer der Trauerphasen fixiert bleiben. Manche Menschen bleiben das in der ersten Phase: Ganz am Anfang wird der Todesfall häufig verleugnet und als „nicht wirklich oder nicht wahr" erlebt. Das ist ein Schutzmechanismus, der an sich gut ist, aber es ist auch unsere Aufgabe, Stück für Stück zu realisieren, dass es eben doch „wahr ist". Wenn der Tod auf Dauer verleugnet wird und wir dabei bleiben, kann kein Trauergefühl aufkommen.

Im Herbst zweitausendundzwölf wurde mir so ein Extremfall zugetragen: Eine Mutter verlor ihren Sohn durch Suizid. Sie fiel in einen direkten Wahn und wollte es nicht wahrhaben. Selbst als der Sarg sich senkte, zeigte sie keine Reaktion. Ihre Familie ließ sich in die Trauer fallen, jedoch die Mutter nicht.

Mit Argumenten wie „Es liegt jemand anderes im Sarg" oder „Das ist eine Verwechslung" terrorisierte sie regelrecht die Familie. Jede Nachrichtensendung verfolgte sie übereifrig, damit sie irgendwo ihren Sohn erkennt. Über Zeitungsartikel versuchte sie, ihren „vermissten Sohn" ausfindig zu machen.

Sie wollte keinen Termin bei mir, wozu auch, ihr Sohn lebt! Wenn man der Mutter zuhörte, klang sie wirklich total überzeugend, dass ihr Sohn tatsächlich noch leben könne. Sprach man jedoch mit Angehörigen, präsentierten sie Beweise, dass es unmöglich sei, dies zu ignorieren.

Die Frau lebt in dieser Phase der Trauer nun seit fast einem Jahr – selbst für Psychologen eine sehr harte Nuss. Sie lässt keinen an sich ran, weder Familienmitglieder noch Mediziner.

Wenn Menschen in der zweiten Trauerphase fixiert bleiben, in der starke und chaotische Gefühle aufbrechen, dann wird Trauer chronisch. Diese Menschen schaffen es nicht, aus dem Chaos von Schuld, Verzweiflung, Angst, Wut und Schmerz herauszukommen, weil sie diese Gefühle nicht angemessen zum Ausdruck bringen oder die falschen Bewältigungsstrategien verwenden. Sie schaffen es dann nicht, sich in ihrem Leben ohne den verstorbenen Menschen neu zu orientieren und sich an dieses neue Leben mit den Lücken und offenen Stellen anzupassen.

Es gibt auch verzögerte Trauerreaktionen – die Trauer kommt verzögert, mitunter Jahre verspätet zum Ausbruch – oder übertriebene Trauerreaktionen, dabei sind die Trauergefühle so stark und unkontrollierbar, dass der Alltag nicht mehr bewältigbar ist.

Auch kann sich die Trauer körperlich ausdrücken, zum Beispiel fängt man sich dann jede Infektionskrankheit ein.

Folgende Punkte können dir in Zeiten der Trauer helfen:

Bringe deinen Schmerz zum Ausdruck, schäme dich nicht für Tränen. Du musst keine „Stärke" zeigen, rede sehr viel über den Verlust und über den Schmerz, den du trägst, es ist sehr wichtig und heilsam.

Vermeide Fernsehen, Radio und Internet für mindestens drei Wochen. Lass dich nicht ablenken von der Trauer und lasse sie zu. Medien lenken dich ab von der Trauer und sie wird „überspielt".

Wenn du niemanden hast zum Reden, schreibe deine Gefühle auf und lass ihnen freien Lauf.

Verschiebe große Veränderungen oder grundlegende Entscheidungen wie Umzug, Hausverkauf oder Kündigung der Arbeitsstelle.

Mache kleine Schritte. Versuche, jeden Tag aufs Neue zu bewältigen. Stelle dir einen Tagesplan auf, in dem du nur ganz kleine Schritte vornimmst, um zumindest das Nötigste zu regeln.

Akzeptiere deine Gefühle, lasse sie in der Trauer zu. Egal ob du weinst, tobst oder Dinge tust, die andere „verrückt" nennen würden – alle Gefühle sind zulässig! Nimm dir die Zeit zum Trauern, finde Rituale, die dir helfen, deine Trauer auszudrücken.

Nimm Hilfe an! Lass dich gerade in der Anfangszeit, von Freunden und Familie bei alltäglichen Dingen unterstützen.

Unterstütze dein Immunsystem. Trauern ist nicht nur psychisch, sondern auch körperlich sehr anstrengend. Das Immunsystem ist geschwächt und dadurch anfälliger für Krankheiten. Gönne dir und deinem Körper daher ausreichend Schlaf. Wenn du nachts zu wenig davon bekommst, schlafe mittags ein Stündchen oder nachmittags. Die Zeit ist für dich im Moment nicht relevant.

Wenn du nicht direkt betroffen bist, sei für den Trauernden da. Vermittle ihm Nähe und Mitgefühl und höre ihm einfach zu, ohne viel zu fragen. Gehe aktiv auf den Trauernden zu, sage nicht einfach „Du kannst mich jederzeit anrufen", denn in ihrer Trauer ist es den Hinterbliebenen unmöglich, auf andere Menschen zuzugehen. Ergreife daher die Initiative und rufe selbst an oder schau öfters mal nach dem Trauernden – auch wenn er meint, lieber allein sein zu wollen. Dränge dich nicht auf, aber biete dich immer wieder als Gesprächspartner an und sprich regelmäßig kleine Einladungen aus.

Biete Unterstützung bei allen Dingen an, die im Zusammenhang mit dem Todesfall getan werden müssen, zum Beispiel ein Bestattungsunternehmen finden, den Grabstein aussuchen, bei der Organisation der Beerdigung helfen, den Haushalt auflösen …

Hilf, den Alltag zu bewältigen! Übernimm Aufgaben wie Einkaufen, Putzen oder biete an, auf die Kinder aufzupassen.

Bewerte die Trauer nicht. Vermeide Aussagen wie „Du hast jetzt genug getrauert" – jeder braucht seine eigene Zeit für die Bewältigung der Trauer, dafür gibt es kein allgemeingültiges Maß. Versuche auch nicht, den Verlust des anderen zu relativieren, zum Beispiel mit Worten wie „Wenigstens hast du noch dein anderes Kind" – ein Mensch lässt sich nicht durch einen anderen ersetzen. Überdies fühlen sich die Trauernden durch solche Aussagen in ihrer Trauer nicht ernst genommen.

Akzeptiere alle Gefühle des Trauernden. Das Fehlen von Tränen bei Trauernden wirkt auf die Umwelt oft verstörend. Im Trauerprozess gibt es jedoch keine „unangebrachten" Gefühle, alles gehört dazu: scheinbare Empfindungslosigkeit, Verzweiflung, Schuldgefühle, aber auch Wut.

Habe keine Angst, etwas Falsches zu sagen. Gehe auf Trauernde zu, auch wenn sie das Gefühl haben, nicht zu wissen, was sie sagen können. Viel schlimmer als ein

„falsches" Wort ist für Trauernde, wenn sie von ihrer Umwelt gemieden werden.

Sprich von dem Verstorbenen. Habe keine Angst, von dem Toten zu reden. Im Gegenteil: Frage den Trauernden immer wieder, wie es ihm mit dem Tod des Verstorbenen geht. Trauer wird nicht durch das Ansprechen des Todesfalls ausgelöst, sie ist ohnehin da. Trauernde leiden vielmehr darunter, wenn sie das Gefühl haben, der Verstorbene wird von Angehörigen und Bekannten auch noch totgeschwiegen und aus dem Leben ausgeklammert.

Biete an besonderen Tagen deine Gesellschaft an. Weihnachten, Todestag oder auch Geburtstag des Verstorbenen fällt Hinterbliebenen oft besonders schwer. Gerade an solchen Tagen ist es für den Trauernden wichtig zu erfahren, dass er nicht alleine dasteht. Rufe ihn zum Beispiel an oder schlage vor, diesen Tag gemeinsam zu verbringen und zum Beispiel das Grab zu besuchen. Oder frage, wie der Trauernde selbst diesen Tag gerne verbringen würde.

Niemand, auch nicht der Trauernde selbst, erwartet, dass du ihn von seiner Trauer befreist. Höre einfach zu und zeige ihm, dass du für ihn da bist. Nähe und ein offenes Ohr sind in der Trauer wertvoller als viele Worte.

Nach dem Verlust eines geliebten Menschen wird das Leben nie mehr so sein wie vorher, aber es kann trotzdem wieder schön werden! Habe Mut und gib dir die Zeit.

Wenn du trösten willst:

Viele Menschen sind unsicher im Umgang mit Trauernden und ziehen sich oft von ihnen zurück. Dadurch nehmen sie ihnen aber die Möglichkeit, sich auszusprechen und so den Tod besser zu verarbeiten.

Trauer braucht Zeit, und sie braucht Gemeinschaft.

Kapitel 5
Engelgespräche und Engelbotschaften

Engel begegnen mir in meinem Leben überall. Dabei ist es egal, wo ich gerade bin oder was ich gerade mache. Beim Einkaufen, beim Autofahren, beim Holzsägen, aber auch gerade jetzt beim Schreiben dieser Zeilen. Sie begleiten mich und sind für mich und natürlich auch für andere da.

Ich genieße die Momente mit den Engeln. Diese Zeit erlebe ich bewusst. Ich achte auf meine Gedanken, spüre die Dankbarkeit, die ich für diese himmlischen Wesen empfinde. Alles wird so „normal" und ruhig in dieser Zeit. Ich genieße diese Veränderung in mir.

Engel sind ein Geschenk, welches ich anfangs nicht annehmen konnte. Ich hörte, dass sie für alle da sind, dass man sie nur zu rufen brauche. Aber warum sollten sie zu mir kommen? Bin ich es überhaupt wert, diese Herrlichkeit spüren zu dürfen?

Nun, ich muss über mich selbst schmunzeln. Seit der Zeit damals und heute sind so viele Dinge passiert, so viele Veränderungen fanden statt, dass ich es heute als normal empfinde, mich mit Engeln zu unterhalten, um Rat zu fragen, ihre Antworten hören zu können oder auch einfach nur ihre Anwesenheit zu genießen. Manchmal unterhalte ich mich einfach so mit ihnen und wir haben Spaß miteinander.

Engel haben für mich einen herrlichen und leichten Humor. Natürlich gibt es auch die andere Seite, ernste Momente. Und doch …, ich bin nie allein. Engel hüllen mich ein mit ihrer Liebe und Energie. Sie machen die Veränderungen, die überall stattfinden, erträglich.

Engelhumor – eines meiner Lieblingsthemen. Viele Leser meines ersten Buches wissen es vielleicht noch, was meine Frau und meine Schwägerin damals angestellt haben …

Es war ein sehr heißer Julitag, als meine Schwägerin ihre Wäsche auf dem Balkon aufhängen wollte. Als sie fast fertig war, hielt sie ihre Nase in die Luft, als ob sie etwas riechen würde. Sie hob ihre Arme und schnupperte, ob der Geruch von ihr komme. Meine Frau und ich saßen in der Küche und beobachteten sie.

Nach einer Weile entschloss sich meine Frau hinauszugehen und nachzufragen, was denn los sei. Ich hörte nur ein „Hohoho" von ihren Engeln auf dem Balkon. „Was werden denn die zwei wieder gesagt haben, dass ihre beiden Engel so amüsiert lachen?", fragte ich mich.

Meine Frau fragte ihre Schwester, was sie denn habe, weil sie immer an ihren Achseln rieche? Diese meinte: „Hier stinkt es nach Schweiß." Meine Frau antwortete ihr: „Hast dich wohl nicht gewaschen?" Sie lachte. Delia, meine Schwägerin, meinte: „Du dumme Nuss, riechst du das nicht?" Da meinte meine Frau: „Ja, jetzt riech ich es auch." Im selben Atemzug sagte sie: „Wenn du das nicht bist, wer dann, ist ja sonst keiner da außer deinem Engel!"

„Sag mal, waschen sich Engel?" Meine Frau sagte zu ihrer Schwester: „Kannst ja deinem Engel ein Deo kaufen, von Axe oder so …" Sie lachten beide Tränen …

Was Sie nicht wussten: Ihre beiden Engel standen sprachlos neben ihnen und konnten es nicht fassen, was sie da hörten. Einer der beiden sagte: „Stell dir vor, Roland, die fragen, ob wir uns waschen." Ich musste laut loslachen und die beiden Engel verstanden die Welt nicht mehr.

Bei einem späteren medialen Schreiben mit meiner Frau und meiner Schwägerin meldete sich einer ihrer Engel und schrieb auf das Blatt: „Eure Sprüche sind noch nicht vergessen, die Retourkutsche kommt ..." Am ganzen Tisch fingen wieder alle an zu lachen, denn damit hatte keiner gerechnet.

Diese Geschichte ist aus dem Jahr zweitausendundzehn und viele Leser werden sich fragen: Haben sie die Retourkutsche bekommen? Ja, haben sie – und jede bekam sie „einzeln für sich". Ihre beiden Engel übermittelten ihnen dabei die Botschaft: „Ha, jetzt sind wir auch mal frech …"

An einem warmen Tag saßen wir abends am Lagerfeuer und betrachteten die Sterne und das brennende Feuer, als Patricia plötzlich aufsprang und auf ihre Füße schaute. Sie fragte mich, ob da irgendein Käfer an ihrem Bein krabbele, ich sah nach, konnte aber nichts erkennen. Sie setzte sich wieder und das Gleiche ging erneut los. Sie sprang wieder auf und führte fast einen Veitstanz auf. Wir suchten die Bank ab, ob sich da etwas befinde – aber nichts.

Plötzlich hörte ich Siegfried, Patricias Engel, der mir sagte: „Das bin ich, Roland." Ich musste mir natürlich das Lachen verkneifen. Patricia setzte sich wieder und beobachtete genau ihre Füße. Dann nahm sie sich eine Zigarette aus der Schachtel und genau in diesem Augenblick der Unachtsamkeit ging es wieder los mit dem Gekribbel.

Ich musste laut lachen und meine Frau meinte, ich hätte sie die ganze Zeit geneckt, ich hatte aber mit der Sache nichts zu tun. Nur konnte ich nichts sagen, weil mir vor Lachen schon das Wasser in den Augen stand. Sie schimpfte mit mir und fand das alles gar nicht lustig, worauf ich nur stottern konnte: „Sigi."

„Wie, was soll das denn heißen?" antwortete sie. „Die Retourkutsche vom Axe …" Mit „Sigi" hatte ich ihren Engel gemeint.

Bei meiner Schwägerin setzte ihr Engel Stefan kurz darauf, noch bevor meine Frau ihr von ihrem Erlebnis erzählen konnte, eine andere Taktik an: Er gab ihr das Gefühl, sie sei sehr schmutzig im Gesicht – und das während des Einkaufens. Ihr war es unangenehm und sie drückte sich, so gut es eben ging, durch die Regale und heraus aus dem Supermarkt. Es war aber kein bisschen Schmutz zu sehen, sie fühlte sich nur so. Während sie nach Hause eilte, wunderte sie sich, wovon sie so schmutzig sei?

Am Eingangstor angekommen, fiel ein kleines Stück Moos von der Dachrinne herab und traf sie an der rechten Wange. Es war nur ein winziger Farbklecks. Ich fragte sie später, ob ihre Retourkutsche angekommen sei. Sie verneinte, aber als ich sie auf den Schmutz im Gesicht ansprach, verstand sie sofort, was gemeint war, und musste lachen. „Schau mal, was die mit mir machen", war ihre Antwort.

Viele denken sich jetzt: Für die beiden ist es sehr einfach, weil ihnen ein Medium mit Rat und Tat zur Seite steht. Dem muss ich widersprechen: Sie haben einfach Vertrauen zu ihrem Engel aufgebaut.

Vertrauen ist sehr wichtig, wenn du ihnen vertraust, begleiten sie dich wie ein Freund. In gewissem Maß kann man sich von seinem Engel führen lassen.

Ein gutes Beispiel dafür ist die Begebenheit, als meine Frau und ich zum Baumarkt fuhren, um Fliesen zu kaufen für unser „spirituelles" Haus. Wir wohnen ja an der Grenze zu Tschechien und hinter der sind Fliesen und Kleber sehr viel günstiger als bei uns.

Wir fanden auch etwas Passendes und ich wollte gleich zuschlagen. Meine Frau zögerte aber noch, aus welchem Grund auch immer. Es waren sehr schöne Fliesen und preiswert dazu. Sie gefielen ihr auch, aber trotzdem bestand sie darauf, sich noch in einem Baumarkt auf deutscher Seite umzusehen.

Mein Patrone hielt sich raus und zwinkerte nur, was mich auf den Wunsch sofort eingehen ließ.

Wir fuhren die zwanzig Kilometer zurück in den anderen Baumarkt, meine Frau ging gleich zu den Fliesen und ich blieb bei den Holzöfen stehen, um sie mir anzusehen. Auf einmal winkte Patricia mir zu, ich solle mal herkommen. Da lagen dieselben Fliesen wie in dem tschechischen Baumarkt – aber sie waren reduziert, um fast fünf Euro pro Paket. Wir brauchten für unser Bad circa vierundzwanzig Quadratmeter, der Restposten reichte für dreiundzwanzig. So sparten wir fast zweihundert Euro!

Mit diesen Geschichten eröffne ich das riesige Thema Engel:

Engel, Geistführer, Guide – oder wie ich meinen nenne, nämlich Patron –, verschiedene Begriffe für ein und dasselbe Geistwesen, welches seine erforderlichen Inkarnationen auf der Erde hinter sich hat und sich danach zu dieser Aufgabe entschloss. Der Einfachheit halber bleibe ich bei dem Begriff „Engel".

Dein Engel ist ein Leben lang bei dir, keine Sekunde lässt er dich aus den Augen und geht mit dir durch dein Leben mit allen Höhen und Tiefen. Er hat auch viel Sinn für Humor und ist ein amüsanter Begleiter und Führer auf deinem Weg. Seine „Charaktereigenschaften" sind auf die seines Schützlings abgestimmt – es gibt also auch eher ernste Engel, aber Humor haben sie trotzdem alle.

Er wird das erste Geistwesen sein, das du siehst, wenn du wieder deine Heimreise antrittst. Danach wirst du ihn nochmals wiedersehen, wenn du deine vorausgegangenen Lieben im Jenseits begrüßt hast. Er nimmt dich an die Hand und ihr beiden seht euch dein vergangenes Leben auf Erden an.

Er zeigt dir die „Fehler", die du gemacht hast, und du lernst daraus. Du siehst unter anderem den Schmerz, den du anderen zugefügt hast. Aber du siehst auch die Fortschritte, die du gemacht hast. Dein Engel bringt dich quasi deiner

Vollkommenheit als Seele ein Stück näher. Erst dann „entlässt" er dich als Schützling – entscheidet sich, einen neuen zu begleiten oder übernimmt eine andere Aufgabe im Jenseits, ganz wie er will.

Die Aufarbeitung des Lebens ist das sogenannte „Fegefeuer", wenn du es überhaupt so nennen willst, eine Bestrafung, wie von verschiedenen Religionen behauptet, wirst du nicht erleben.

Nun kann ich mir gut vorstellen, dass du deinen Engel sehr gerne einmal sehen möchtest. Doch ist es überhaupt möglich, seinen Engel zu sehen? Ja, ist es.

Engel zeigen sich hauptsächlich in Träumen, wenn dein Geist offen dafür ist. Im Wachzustand wird sich ein Engel niemals plötzlich und unerwartet zeigen. Sein Sichtbarwerden beginnt ganz langsam, wie feiner Rauch einer Zigarette zum Beispiel. Du siehst auch keine große Menge Rauch, sondern nur so viel, dass man eine Hand oder einen Fuß erkennen kann. Bist du dann immer noch gelassen und ruhig, macht er weiter: mit beiden Füßen oder beiden Händen. Ganz langsam.

Sobald du Angst bekommst oder es dir unheimlich wird, verschwindet er wieder. Er würde dir niemals Angst einjagen oder gar wollen, dass du Panikattacken bekommst. Er lässt sich Zeit mit seinem „Hier bin ich". Es funktioniert auch nicht von heute auf morgen und drängeln lässt er sich schon gar nicht.

Er selbst entscheidet, wann und wo es für dich am besten ist, sich zu zeigen beziehungsweise dir ein Zeichen zu geben. Geduld und Vertrauen sind das höchste Gebot. Zeige ihm, dass du den Kontakt möchtest. Dein Engel wird dir auch niemals den Rücken kehren, egal ob du an ihn glaubst oder nicht. Wenn du ihn brauchst, ist er da für dich. Als Kind haben wir noch mit den Engeln gesprochen, nur mit der Zeit verlernten wir es.

Es geht einem den ganzen Tag viel durch den Kopf, an so viele Dinge müssen wir denken: „Was koche ich heute ..., morgen muss ich zur Bank ..., meine Schwester muss ich noch anrufen wegen des Geburtstages der Mutter ...“

Wenn du abends im Bett liegst, denke einmal nicht an morgen oder die nächste Woche, schalte ab und denke einfach nur an das Schöne, was dir heute widerfahren ist ... Bedanke dich bei deinem Engel für den schönen Tag, das nette Erlebnis und bitte ihn, sich mal zu melden bei dir ... Versuche es – den ersten Schritt musst *du* ihm entgegengehen. Er wartet darauf ...

Nun möchte ich die häufigsten Fragen zum Thema „Engel“ beantworten:

1. Wie lautet der Name meines Engels und welches Geschlecht hat er?

Normalerweise ist ein Engel geschlechts- und namenlos, diese Dinge spielen im Jenseits keine Rolle mehr. Doch wir Menschen brauchen einen Begriff, worauf wir uns fixieren können – wir können nicht anders, als „materiell“ denken, wir brauchen einen Namen, ein Bild ...

Der Engel gibt uns deshalb den Namen seiner letzten irdischen Inkarnation. Damit kannst du ihn rufen und er weiß, wer gemeint ist. Aus dem Namen entwickelt sich automatisch das Geschlecht und wir können unseren Engel ein wenig „einordnen“. Ich habe bis heute noch nie einen Engel erlebt, der mir seinen Namen nicht sagen wollte, da jeder von ihnen weiß, dass dieser für uns wichtig ist.

2. Nimmt der Engel es einem krumm, wenn man sich zwischendurch länger nicht mehr meldet?

Nein, er nimmt dir nichts krumm, er findet es nur ein wenig schade, dass du dich nicht mehr meldest. Wenn du dich über Jahre hinweg mit deinem Patrone unterhältst – dabei spielt es keine Rolle, ob du ihn hörst oder nicht, es reicht, wenn du fühlst, dass er dir hilft –, möchtest du dieses Gefühl gar nicht mehr missen und nimmst automatisch nach ein paar Tagen wieder Kontakt auf. Schade ist es, wenn du dich ein Jahr nicht mehr bei ihm meldest. Aber auch das wird er dir verzeihen.

3. Wenn man ihn bittet, aus einem bestimmten Grund mit einem Engel einer anderen Person zu sprechen, macht er das?

Ja, macht er, jedoch entscheidet letztendlich der Engel der anderen Person. Auch wenn der andere Engel diese Idee, die du hast, für sehr gut befindet, kann er *nich*t in den freien Willen seines Schützlings eingreifen. Bevor du einen anderen Engel um etwas bittest, macht es mehr Sinn, wenn du den jeweiligen Menschen mit deiner Idee konfrontierst.

4. Kann er menschliches Denken und die Gefühle noch nachvollziehen?

Sehr gut sogar, besser als jeder andere. Er selbst hat ja in seinen irdischen Inkarnationen genau dieselben Erfahrungen gemacht, die du im Moment erlebst. Auch wenn du sehr großen Hass gegen jemanden empfindest, kann er es nachvollziehen, warum du so denkst. Er selbst besitzt aber den Hass nicht mehr. Er sieht alles mit anderen Augen – mit Engelsaugen.

5. Ich weiß ja, dass alles einem gewissen Gesetz unterliegt und mein Engel nicht so handeln kann oder darf, wie ich es gerne hätte. Aber gibt es eventuell Ausnahmen – Notsituationen –, in denen mein Engel handeln darf, ohne vorher grünes Licht von oben zu haben? Darf er mich in eine bestimmte Richtung stupsen, obwohl mein Lebensplan eigentlich etwas anderes vorgesehen hat? Er kennt ja meinen Lebensplan und weiß auch, ob ich das schaffen kann oder nicht. Darf er etwas ändern, wenn er merkt, das geht nicht gut?

Dein Engel hat immer grünes Licht von oben, er muss niemanden fragen, ob einer Kursänderung deines Lebens stattgegeben wird. Das Thema „Lebensplan" werde ich im nächsten Kapitel beschreiben. Er darf deine Richtung nicht verändern, vielleicht um einen kleinen Umweg, mehr aber nicht. Nehmen wir ein ganz einfaches Beispiel: Du hast im Jenseits geplant, dass du als junger Mensch deine Lehrzeit im Straßenbau machst. In dieser Lehrzeit wirst du an verschiedenen Orten arbeiten und lernst auch noch deine Frau auf einer Baustelle kennen. Würde dein Patrone nun beschließen, dass du deine Lehre nicht als Straßenbauer, sondern als Bäcker beginnst, würden deine Pläne *und* die anderer sich derart verschieben, dass es unmöglich wäre, wieder auf einen Nenner zu kommen.

Du würdest von deinem ursprünglichen Plan abweichen und deine Frau nie kennen lernen, keine Kinder − die ja auch wieder ihren eigenen Plan haben − mit ihr haben und so weiter.

Natürlich könntest du deine Frau beim Einkaufen in der Metzgerei kennen lernen, dafür müsste aber wiederum ihr Patrone regeln, dass sie auch dort hingeht. Es würde kompliziert werden und jede Menge Pläne kämen durcheinander.

6. Ist unser Engel täglich vierundzwanzig Stunden an unserer Seite oder macht er auch mal etwas anderes, hat er Ruhepausen, andere Aufgaben oder weiß er genau, in welchen Momenten und zu welchen Zeiten er da sein sollte?

Gespräch fünfzehn mit Patrone:

Roland: Hm, Patrone, könntest du mir da helfen?
Patrone: Natürlich. Im Grunde genommen sind wir immer in deiner Nähe, manchmal müssen wir nur „mit einem Auge" hinsehen und dich beobachten − zum Beispiel beim Schlafen.
Roland: Also lässt du mich *nie* aus den Augen?
Patrone: Nein, du kannst es dir so vorstellen, wie auf dein eigenes Kind aufzupassen. Wenn es mitten im Wohnzimmer

steht, ohne dass eine Gefahr zu erkennen ist, siehst du nur halb hin, du hast es trotzdem im Auge. Bewegt es sich zum Beispiel auf einen Kaminofen zu, wirst du schon aufmerksamer, geht es näher auf den Ofen zu, wirst du aufspringen und es von dieser Gefahrenquelle fernhalten – es sei denn, du *wolltest* diese Erfahrung in deinem Leben machen …

Patrone: Während du schläfst, achte ich also immer mit einem Auge auf dich, nicht, dass du mir aus dem Bett fällst und dich verletzt …

Roland: Woher willst du denn vorher schon wissen, ob ich mich verletze?

Patrone: Wäre es nur eine Kleinigkeit, lieber Roland, würde ich dich natürlich rausfallen lassen ...

Roland: Das glaube ich dir sofort.

7. Wie ist das, wenn ich zum Beispiel zu Gott bete und ihn um etwas bitte, muss dann auch erst der Engel einverstanden sein? Muss er das erst „erlauben" oder geht das direkt nach „oben"?

Oftmals ist es ja so, dass wir in schwierigen Situationen zu Gott beten und um Hilfe bitten. Nur gibt es da ein Problem – nämlich den Lebensplan. Den haben wir uns vor unserer Geburt selbst auf den Leib geschrieben. Das heißt, wir haben unser Leben im Voraus geplant – nicht bis ins Detail – aber die wichtigen Eckpunkte schon.

Das bedeutet, dass Kummer und Sorgen auch mit eingeplant sind. Daran wird man auch mit vielen Gebeten nichts ändern können. Wir wollten es ja so, um zu lernen und geistig zu wachsen!

Wie schon erwähnt, gehört natürlich nicht alles zum Plan und wo das der Fall ist, kann man sehr wohl durch Gebete Hilfe erlangen. Dein Guide wird also immer versuchen, dich auf Plan zu halten, und ist dein direkter Ansprechpartner. Wendest du dich direkt an Gott, wird er bestimmt nicht mal so eben deinen

Plan umschmeißen, nur weil du mit deinem irdischen Bewusstsein den schweren Zeiten aus dem Weg gehen willst. Hört sich hart an oder ist vielleicht ein bisschen hart formuliert.

Es ist aber so: Wir können hier auf Erden nur circa fünfundzwanzig Prozent von unserem tatsächlichen Bewusstsein als Seele im Jenseits abrufen. Das heißt, du hast dein Leben vor deiner Inkarnation mit wesentlich mehr Wissen und Hintergrundinformationen geplant, als dir derzeit bewusst ist. Insofern können wir Geschöpfe hier nicht so gut nachvollziehen, warum unsere Leben oft so schwer sein müssen.

8. Gibt es inkarnierte Engel?

Dazu möchte ich euch eine Geschichte wiedergeben, die tatsächlich passiert ist: „Mein Mann und ich wollten einmal in den Urlaub fliegen, wir sind sonst immer mit dem Auto gefahren, weil ich sehr große Angst vorm Fliegen habe. Andererseits wollte ich einmal im Leben die Karibik sehen. Mit dem Auto dorthin zu fahren wäre ein Unding gewesen. Einen Tag vor dem Abflug betete ich fast die ganze Nacht zu meinem Engel, er solle mir beistehen und mir helfen, diese Flugangst zu überwinden.

Mein Mann weckte mich um fünf Uhr fünfundvierzig. Ich war drauf und dran, den Urlaub abzusagen, doch mein Mann war so happy, dass es endlich losging, dass ich ihm nichts von meinen Gedanken erzählen wollte.

Um sieben Uhr fuhren wir zum Flughafen. Das Einchecken ging ohne Probleme. Als ich die Maschine betrat und den sehr schmalen Gang zwischen den Sitzreihen sah, wurde mir schon mulmig. Alles war sehr, sehr eng. Wie sollte man da bei einem Unglücksfall schnell herauskommen? Ich malte mir die verrücktesten Dinge aus!

Wir erreichten unseren Platz in einer der mittleren Reihen. Kurz darauf sah ich schräg links von mir eine junge blonde

Frau Platz nehmen. Sie wirkte völlig entspannt und schloss auch kurz danach ihre Augen. Ich war begeistert von der Ruhe, die sie ausstrahlte. Mein Mann nahm meine Hand und hielt sie fest, das half mir aber nicht viel, denn meine Angst nahm zu, je näher das Flugzeug der Startbahn kam.

Während die Maschine rollte, kam von rechts die Sonne durch das Fenster, Sie blendete mich so sehr, dass ich auf die andere Seite schauen musste. Mein Blick fiel sofort wieder auf diese junge Frau, sie öffnete die Augen und sah kurz in meine Richtung. Plötzlich kam es mir vor, als würde sie mir sagen: „Schön, dass du da bist."

Ein warmes inneres Gefühl durchströmte mich, ich kann es nicht beschreiben. Ich konnte es kaum glauben: Zeitgleich hüllten die Sonnenstrahlen die junge Frau in ein helles, schützendes Licht. Meine Flugangst verflüchtigte sich bei diesem Anblick sofort.

Jedes Mal, wenn das Flugzeug in Turbulenzen kam, sah ich einfach zu dieser Frau und meine Entspannung kam sofort zurück.

Nach der Landung stand die blonde Frau auf, lächelte mich an und sagte zu mir: „So schlimm war es doch gar nicht." Ich lächelte nur zurück, denn ich fand so schnell keine Worte, obwohl ich sonst sehr diskussionsfreudig bin. Den ganzen Urlaub ging mir diese Frau nicht mehr aus dem Kopf und ich fragte mich immer wieder: „Warum hast du nicht gefragt, woher sie kommt oder wohin sie geht, Telefonnummern ausgetauscht und so weiter. Ich sah diese Frau nie wieder …"

Bei Angst, lieber Leser, helfen Engel dir sehr oft, vertraue deinem deine Ängste, die du mit dir trägst, an und bitte ihn um Hilfe.

9. Was ist denn jetzt ein Engel?

Ein Engel ist reine Energie. Engel stehen in direkter Verbindung mit Gott. Manche Menschen versuchen fast zwanghaft, Kontakt zu bestimmten aufgestiegenen Meistern oder zu Erzengeln auf höheren Stufen der Engelhierarchie herzustellen, zum Beispiel bei Engelseminaren oder Engeleinweihungen.

10. *Wozu*? Sind sie etwas „Höheres" als mein Schutzengel? Hat dieser nichts zu bestimmen?

Die Engelhierarchie ist eine Erfindung und hat nichts mit „höheren oder tieferen Engeln" zu tun. Jeder Engel ist gleichwertig – es hat nur jeder eine andere Aufgabe. Auch der Papst besitzt den gleichen „Hierarchieengel" wie du und ich. Es gibt keinen Unterschied, weder im Diesseits noch im Jenseits.

Folgendermaßen werden ein paar der vielen Erzengel beschrieben:

Erzengel Michael: Er gilt als der mächtigste Erzengel, sein Name bedeutet „Wer ist wie Gott." Er ist der Fürst des Lichts und verbindet den Menschen mit seinem göttlichen Ursprung.

Michael trägt die Seelen der Verstorbenen sanft ins Himmelreich. Er kämpft gegen das Böse und die Dämonen und wird oft mit Schwert und Rüstung dargestellt. Auch mit zwei Waagschalen ist er häufig zu sehen, mit welcher er die guten und bösen Taten der Verstorbenen gegeneinander abwägt.

Ein Engel, der mit Schwert und Rüstung durchs Jenseits geht und Dämonen jagt?

Gabriel: Sein Name bedeutet „Macht Gottes" oder auch „Kraft Gottes". Er ist der Engel der Verkündigung. So verkündete er Maria, dass sie den Sohn Gottes gebären werde, und Zacharias, dass seine Frau Elisabeth Mutter von Johannes dem Täufer werde. Somit ist er auch der Engel der Geburt und der Hoffnung. Zu seiner Aufgabe gehört es, die ungeborenen

Seelen der Kinder durch die Schwangerschaft bis zur Geburt zu geleiten.

Die Furche zwischen Nase und Oberlippe wird die Markierung des Gabriel genannt, weil er die Babys dort berührt, um sie zu ermahnen, vor den heiligen Gesetzen zu schweigen ... Jede Erinnerung an das Jenseits, liebe Freunde, wird bei der Geburt gelöscht, es bleiben vielleicht ein paar Erinnerungsfetzen, mehr aber nicht.

Kein Engel muss uns ermahnen, dass wir nichts ausplaudern und so bei den Menschen für Verwirrung sorgen. Auf der anderen Seite wäre es manchmal doch von Vorteil, denn es würde sehr vielen die Angst schon weit vor deren Tode nehmen.

Camael: Sein Name bedeutet „Gott ist mein Ziel". Als Herr des Krieges und des Mars, des Planeten der feurigen Leidenschaft, spielt er in der Überlieferung der Engel eine zwiespältige Rolle, denn ihm werden sowohl düstere als auch lichte Charaktereigenschaften zugeschrieben. Als Samael wurde er sogar mit Satan gleichgesetzt, während ihn Enoch als einen von Gottes Liebesengeln beschreibt. Der Herr des Krieges?

Es gibt noch mehr dieser Erzengel, schon in der Bibel wurden sie erwähnt. Richtig „Karriere" haben sie aber gemacht, seit Esoterik und New Age sie für sich entdeckt haben – ein Millionengeschäft! Neben unzähligen Channeling-Seminaren gibt es Bücher, Talismane und sogar Erzengelorakel mit Karten für jeden Tag. Diese kannst du ziehen und sehen, welcher Erzengel heute über dich wacht.

Mehr sage ich nicht dazu, möge sich jeder Leser seine eigene Meinung bilden …

Sprich mit *deinem* Engel und vertraue ihm. Keiner ist besser oder schlechter als der andere. Wir sind nur verschiedene Ausdrucksformen Gottes und seiner Entsprechungen.

Gespräch sechzehn mit Patrone:

Patrone: Roland, machst du deinem Engel auch manchmal etwas „Druck"?
Roland: Warum sollte ich drängeln? Ich werde sowieso dahingeführt, wo ich hinsoll. Wenn die Zeit reif ist, geschieht alles wie von selbst. Egal wo ich gerade stehe: Es ist gut so, wie es ist. Ich gebe zu, manchmal habe ich auch das Gefühl, länger als nötig auf der Stelle zu treten oder sogar Rückschritte zu machen. Doch plötzlich mache ich wieder einen größeren Sprung nach vorne. Einfach so.

Wie kannst du Kontakt aufnehmen? Sei einfach offen für die Begegnung, bereite dich ein wenig vor, als würdest du lieben Besuch erwarten und dann tritt mit ihm in Kontakt, indem du ihn einfach ansprichst. Du brauchst keine bestimmten Rituale oder Kerzen und Raucherstäbchen, wenn du dich öffnest und darauf vertraust, dass dein Engel den Kontakt zu dir weitaus mehr wünscht, als du es dir vielleicht vorstellen kannst.

Du brauchst dich auch nicht fürchten, denn es ist dein Engel, der nur allein für dich da ist. Und das sollte doch genügen, denn wer sonst ist schon nur allein für dich da

Es reicht wirklich, wenn du zum Beispiel jeden Morgen nach dem Aufwachen sagst: „Hallo, Schutzengel – schön, dass du da bist. Ich freue mich, wenn du zu mir redest."

Du kannst das auch immer im Laufe des Tages tun. Spätestens nach zwei bis drei Tagen wirst du seine Worte spüren, wenn du dich öffnest. Du kannst ihn auch bitten, dir ein Gefühl von Liebe und Wärme zu senden. Alles, was du tun musst: Öffne dich und hab Vertrauen. Auch dein Engel möchte lieber direkt wahrgenommen und angesprochen werden, als ständig anonym für ein Selbstgespräch gehalten zu werden. Er kann so vieles für dich tun, dass du schon bald seine Gegenwart zu schätzen lernen wirst.

So viele Menschen suchen vergeblich, lieben zu lernen, weil sie einfach nicht daran denken, ihren Engel zu bitten, dass er ihnen behilflich ist, die bedingungslose Liebe in ihrem Herzen zu spüren. Was er jedoch nicht unterstützen wird, ist, dass der Mensch die Verantwortung für sich selbst voll auf ihn übertragen möchte, denn dies wäre wieder ein Eingriff in deinen eigenen Weg, der deinem freien Willen unterstellt ist. Eigene Anstrengung müssen wir alle aufbringen.

Erkennst du die Zeichen deines Engels? Wie sagt mein Patrone immer so schön: „Roland, ich bin immer einen Gedanken weit entfernt." Das heißt, wenn ich zum Beispiel an meinen Patrone denke, habe ich schon mit ihm Kontakt aufgenommen und kann aktiv mit ihm kommunizieren. Ich habe praktisch eine Standleitung zu ihm – ob bewusst oder unbewusst – damit aufgebaut.

Manchmal vermitteln uns die Engel angenehme körperliche Gefühle wie
- wohlige Gänsehaut,
- Kitzeln an der Nase,
- das Gefühl, es streicht jemand über die Haare,
- warmer angenehmer Hauch,
- kühler angenehmer Hauch,
- das Gefühl, als ob jemand liebevoll die Hand auflegt,
- ein gutes „Bauchgefühl" oder
- eine Feder flattert urplötzlich auf uns zu.

Manche Menschen sind gut über den Geruchssinn zu erreichen, hier sorgen die Engel dann für blumige, fruchtige oder andere wohlige Düfte wie von

- Rosen,
- Tannen,
- Orangen,
- Kokos,
- Vanille oder
- geliebten Menschen.

Wann immer es aus heiterem Himmel ungewöhnlich gut duftet, steckt meist dein Engel dahinter – oder auch mal die Seele eines lieben Heimgegangenen.

Wenn ich zum Beispiel vor dem Computer sitze, an einem Buch schreibe und an einem Punkt angelangt bin, wo ich mich nur sehr schwer konzentrieren kann, steigt mir immer ein besonderer Duft in die Nase: Ich rieche meine alten Plastiksoldaten aus Kinderzeiten, die ich nach ihrem Feldzug durch die Wasserpfützen immer mit Mamas Shampoo gesäubert habe. Somit gibt mir mein Patrone gleich zwei Hinweise – ich erinnere mich sofort an den Spaß mit meinen Soldaten und an meine Mutter und beginne zu schmunzeln.

Jeder Engel möchte, dass wir lächeln, und manchmal helfen sie ein wenig nach und schenken uns etwas Besonderes wie

- ein fröhliches Gefühl im Herzen,
- ein Lächeln auf den Lippen,
- ein urplötzliches Glücksgefühl oder
- einen erquickenden Lachanfall.

Viele stempeln Begegnungen mit Engeln als Zufälle ab und denken nicht weiter nach, obwohl sie vorher um Hilfe oder Rat gebeten haben. Patrone meinte dazu: „Zufälle sind Geschenke des Himmels."

Betrachte diese schönen Ereignisse einmal unter diesem Aspekt: Dein Engel führt dich in Situationen, zu Dingen oder Menschen – beobachte dann, was mit dir geschieht. Schauert es dich angenehm, jetzt in diesem Moment? Erfreut der Gedanke daran dein Herz und öffnet er deine Sinne? Fühle, dein Engel spricht mit dir. Ganz zart, leise und geduldig. Sehr phantasiereich und sehr häufig auch über andere Menschen und Gelegenheiten.

Wir können es Nächstenliebe nennen, wir können es Führung nennen, wir können es „Dein Engel hat dich sanft geschubst" nennen, auf jeden Fall warst auch du für viele Menschen mit Sicherheit schon ein Engel auf Erden. Eins ist für mich jedenfalls sicher, die Intuition – das Bauchgefühl – hängt sehr stark mit unseren himmlischen Helfern zusammen. Auf unseren Bauch ist Verlass, oder?

Wenn man einige Zeichen der Engel kennt, wird man aufmerksam dafür, nimmt sie bewusst wahr und erlebt so viele freudige oder tröstende Momente, mehr als je zuvor. Das Gefühl, allein zu sein, verschwindet nach und nach – denn man lernt und erfährt: Engel sind immer da. Immer. Das Leben wird reicher.

Viele dieser Beispiele, wie Engel sich bemerkbar machen, wirst du bereits kennen. Vielleicht ahntest du schon, dass es Zeichen des Himmels sind, vielleicht traust du allem noch nicht richtig. Das ist in Ordnung. Du wirst deine Erfahrungen machen, deine Engel haben viel Geduld und wenn es für dich wichtig ist, werden sie sich zeigen – ganz auf ihre Weise. So wie es für dich stimmig ist.

Mit Engeln „unterwegs sein" bedingt einzig, dass du sie einlädst – einlädst in dein Leben und deine Antenne auf Empfang ausrichtest.

Aber Achtung, noch mal: Sie können und dürfen dir nicht immer helfen – nur so weit es dein Lebensplan zulässt. Um dies zu akzeptieren, ist natürlich zunächst ein wenig Wissen um den Lebensplan und was es damit auf sich hat, nötig.

Kapitel 6
Seelenplan

Unsere Seele existiert im Jenseits bereits vor unserer Geburt. Sie plant dort ihr späteres Leben auf der Erde, vom ersten Atemzug bis zum erwählten Todeszeitpunkt, ja sogar die Todesumstände. Jeden wichtigen Eckpfeiler im irdischen Leben legt sie im Voraus fest – dies sind ihre Erlebenswünsche, aus denen sie lernen will.

Nehmen wir zum Beispiel als wichtige Eckpfeiler zwei Ehen. Die erste Ehe zerbricht durch Streit und Eifersucht. Die zweite Ehe geht gut, mit Verständnis und Vertrauen. Diese zwei Ehen hast du bereits im Jenseits so geplant und als Eckpunkte bestimmt. Du setzt sie also auf deinen Lebensplan, jedoch *nicht* ihre Dauer. Hier kommt nämlich noch dein freier Wille ins Spiel.

Dies sollte nur als kleines Beispiel zur Einleitung dienen, wir steigen dann gemeinsam und Schritt für Schritt in die Materie „Lebensplan" ein.

Ich beschreibe zuerst einmal den Kreislauf einer Seele. Beginnen wir ganz am Anfang unseres Menschseins, bei der Geburt: Sobald du das Licht der Erde erblickst, ist dein Wissen aus dem Jenseits komplett gelöscht, besser gesagt „unterdrückt", damit du unvoreingenommen an das Projekt „Inkarnation" gehen kannst. Du wächst heran, du lernst und leistest sehr viel, du erlebst Freude und Leid, du genießt die kleinen und großen Augenblicke und ruhst, wenn du überfordert bist. Es endet mit dem Tod. Aber was genau ist der Tod denn? Das, was sich bei der Geburt miteinander verbunden hat, eine Seele und ein Körper, trennen sich nun wieder. Für die Seele ist es nicht das Ende, sondern eher eine Befreiung, der Übergang in eine andere Form des Seins.

Dein Körper hat sich über dein ganzes Leben weiterentwickelt, genau wie dein Verstand. Deine Seele hat dabei ebenfalls ihre Fähigkeiten erweitert und dazugelernt. Die Erfahrungen, die du in deinem menschlichen Körper gesammelt hast, haben nicht immer dein Bewusstsein erweitert, aber das der Seele. Alles, was erfahren wurde, hat dieser Erweiterung gedient – und nur darum geht es der Seele: sich weiterzuentwickeln, zu lernen.

Die Seele trennt sich beim Tod von ihrem „Erden-Vehikel", welches sie gebraucht und verwendet hat, um sich hier fortzubewegen und praktische, körperliche Erfahrungen zu machen. Um es bildlich auszudrücken: Stell dir vor, du bekommst ein hübsch verpacktes Geschenk. Dein Körper ist nun nichts anderes als das Geschenkpapier, es ist zwar schön und bunt, jedoch hebst du es nicht auf, es ist ja gebraucht und zerrissen. Nur das Geschenk – die Seele darin – behältst du.

Hat beim Sterbenden das Herz aufgehört zu schlagen, verlässt die Seele den Körper, schwebt außerhalb und betrachtet das Geschehen. Jetzt sieht sie zum ersten Mal ihren Engel in seiner vollen Herrlichkeit, was ihr im menschlichen Körper nicht möglich war.

Als Seele begibst du dich in den Tunnel, durch den dein Engel dich schickt. Am anderen Ende des Tunnels erwartet er dich schon und begrüßt dich als Erster in deiner alten Heimat. Dann kommen deine sämtlichen Verwandten, Angehörigen und Freunde auf dich zu und begrüßen dich ebenfalls sehr herzlich und liebevoll. So eine Begrüßung kann im Jenseits durchaus zwei Wochen nach unserem Zeitverständnis dauern. Auch deine Mütter, Väter, Brüder und Schwestern aus deinen früheren Inkarnationen – alle sind da, um dich zu begrüßen. Die Seelen erkennen dich nicht an deinem irdischen Namen, sondern fühlen, dass eine nahestehende Person zurück in die Heimat kommt.

Du verweilst circa hundert Jahre im Jenseits, bis du dich wieder entschließt zu inkarnieren. Und wieder kommt ein Lebensplan ins Spiel.

Es ist ein Prozess, der eine Menge Abstimmung erfordert. An dieser Vorbereitung sind viele Seelen beteiligt, die mit eingebunden werden, wenn es um die einzelnen Entscheidungen im Lebensplan geht. Es werden viele Verabredungen zwischen den einzelnen Seelen getroffen. Aus diesen Auswahlentscheidungen und Verabredungen ergibt sich der gesamte Plan. Jeder ist individuell, auch wenn er sich in vielen Abschnitten mit dem anderer Seelen kreuzt, und bildet den nächsten Schritt zur Vollkommenheit.

Die größten und schwersten Ereignisse oder Eckpfeiler deines Lebens planst du normalerweise mit den Mitgliedern deiner „Seelenfamilie", die dir auf Erden sehr nahe stehen, entweder dich lieben oder dir auch großes Unrecht antun werden. Es gibt aber auch Ausnahmen, zum Beispiel den Erlebenswunsch, nahezu ohne „Seelenverwandte" zu inkarnieren und als „Fremder unter Fremden" zu leben.

Ich erstelle als Beispiel einmal einen ganz einfachen Lebensplan mit sieben Seelen, um es etwas zu verbildlichen – Lebensplan von Miss X:

Geschlecht: weiblich

Ort: Europa

Berufe/Tätigkeiten: Verkäuferin, Kellnerin, Büroarbeit, Außendienst

Geld: klarkommen, aus wenig viel machen • rechnen müssen, aber mit dem Vorhandenen gut auskommen • immer mehr ansammeln, um immer besser über die Runden zu kommen • langsam, aber stetig wachsendes Einkommen, alles selbst erarbeitet

Liebe und Partner: vom ersten Mann betrogen und nicht geliebt • vom zweiten Mann geliebt und glücklich

Kinder: drei • Tochter stur und liebevoll • Sohn bitterböse verfeindet, zur Versöhnung bereit • eine Seele bekommt die Möglichkeit, sich zu entfalten ganz nach ihrem Plan

Mutter: bei ihr in Gefangenschaft leben, wenig Liebe bekommen, wegstoßen werden

Vater: hier erfahre ich Liebe, Harmonie, Geborgenheit

Geschwister: keine

Wohnraum: baufälliges Haus mit Garten, viel daran zu arbeiten

Tiere: sehr viele Tiere – große Tierliebe

Gesundheit: schwere Herz-Operation • Herzinfarkt

Körperbau: starkes Übergewicht und später normales Gewicht

Talente: Malen und Singen

Alter und Todesart: achtzig Jahre • Herzstillstand

Hier habe ich einen sehr vereinfachten Lebensplan aufgeschrieben mit allen wichtigen Eckpunkten, die die Person erleben will. Natürlich fehlt noch eine Menge an Einzelheiten, die du gerne selbst hinzufügen kannst, zum Beispiel Eitelkeit, Grausamkeit dir gegenüber, aber auch, dass du grausam zu jemand anderem bist.

Schwangerschaft und Schwangerschaftsabbruch, Armut und Reichtum, Kinderlosigkeit, Hunger leiden, Krieg und Terror erleben, Frieden ... All diese Dinge kann eine Seele als wichtige Erlebenswünsche planen.

Zum Schluss dieses Kapitels möchte ich gerne einen Test mit euch machen in Bezug auf den obigen Lebensplan:

Geschlecht: Mann oder Frau, deine erste Entscheidung. Hier spielt es zum Beispiel eine wichtige Rolle, ob du Muttergefühle „lernen" möchtest oder das Gefühl erfahren willst, ein Kind zu verlieren. Die Mutter steht ihren Kindern einfach ein bisschen näher als der Vater. Sie trug das Kind neun Monate unter ihrem Herzen.

Du musst übrigens öfters als Frau inkarnieren, weil es ein paar mehr „Erfahrungen" zu sammeln gibt als in der männlichen Rolle – dazu gehört allerdings nicht der Schuhtick.

Ort: Er ist sehr wichtig. Du wirst auf jedem Kontinent andere Erfahrungen sammeln. In den Entwicklungsländern oder im tiefsten Dschungel läuft eine Geburt ganz anders ab als bei uns im industrialisierten Bereich. Hier kannst du schmerzstillende Methoden anwenden, die in anderen Ländern gar nicht vorhanden sind. Du entscheidest dich für Deutschland und eine kleine Stadt.

Beruf: Du planst einen bestimmten Beruf. Weil du gerne unter Menschen sein und die verschiedensten Erfahrungen mit ihnen sammeln willst, wählst du zum Beispiel den der Verkäuferin. Sie ist ständig umgeben von Menschen, manche meinen es gut mit ihr, andere wiederum nicht und ärgern sie ständig. Du wirst in der Anfangszeit manchmal dumm angemacht an der Kasse, obwohl du dein Bestes gibst. Im Außendienst triffst du deinen späteren Lebenspartner.

Geld: Jetzt werden die meisten schnaufen, nicht wahr, lieber Leser? Leider suchen wir uns auch aus, ob wir arm oder reich sein wollen. Du entscheidest dich in diesem Beispiel für den mittleren Weg – mit sehr wenig beginnen und dir alles selbst erarbeiten, ohne finanzielle Unterstützung der Eltern.

Liebe und Partner: Nicht jede „Liebe" und jeder „Partner" sind geplant. So muss zum Beispiel der erste Sex nicht unbedingt fest geplant sein, er entsteht durch unseren freien Willen. Wenn du allerdings vorhast, sofort beim ersten Mal und in einem bestimmten Alter schwanger zu werden, wirst du ihn planen. Wenn du jede Menge „Enthaltsamkeit" erfahren möchtest, kannst du auch das planen. Aber all unsere „kleinen Liebeleien" planen wir nicht. Wir planen jedoch Partnerschaften, in diesem Beispiel zwei.

Du brauchst die Erfahrung, verletzt zu werden von deinem Partner. Es spielt keine Rolle, ob du ihn beim Seitensprung erwischst oder er unter Alkohol steht und dich misshandelt. Die Seele will diese Erfahrung machen und du stellst dich der Aufgabe. Dein Misstrauen anderen gegenüber wächst erst einmal.

Dann plötzlich, nach ein paar Jahren, findest du den Partner, der dich auf Händen trägt. Jetzt lernst du die andere Seite der Medaille kennen.

Du kannst aber auch, wenn du möchtest, nur einen Partner haben und mit ihm das Gleiche durchleben: Erst gehst du durch die Hölle und dann trägt er dich auf Händen. All das kannst du im Jenseits mit seiner Seele planen – oder eben mit zwei

Seelen, die sich „zur Verfügung stellen" und wiederum ihre Erfahrungen dadurch machen wollen.

Kinder: Jetzt wird es ein wenig komplizierter. Wir beginnen mit den einfachsten Erlebenswünschen – deine zukünftigen Kinder planen schon im Jenseits gemeinsam mit dir ihre Vorhaben. Eine Seele möchte Tochter sein und sich stur verhalten, wenn du ihr etwas sagst, sie ist aber auch sehr liebevoll. Das sind zunächst einmal nur zwei Eigenschaften. Eine andere Seele entscheidet sich, der Sohn zu sein. Er wird bitterböse dir gegenüber sein, aber nach langer Zeit werdet ihr euch versöhnen. Auch hier nehmen wir nur diese zwei Eigenschaften, um es so einfach wie möglich zu halten.

Kommen wir zum dritten Kind – du stellst dich einer weiteren Seele zur Verfügung, damit sie inkarnieren kann. Diese gehört nicht zu deiner Seelenfamilie, sondern ist eine „fremde" Seele, aber du willst ihr die Möglichkeit zur Inkarnation bieten und dass sie ganz nach ihrem Plan leben kann. Du kannst deinem eigenen Plan das eine oder andere hinzufügen, so beispielsweise, dass das dritte Kind ein genialer Schauspieler sein soll. Es spielt dir aber auch in eurem Zusammenleben ständig etwas vor, belügt dich andauernd, so dass du ihm schlussendlich nicht mehr viel glauben kannst, das ist dir als Seele aber egal.

Du schreibst jetzt als Erlebenswunsch mit dem dritten Kind einfach nur: Schauspieler, das Geschlecht ist unwichtig. Aber wie soll dich jetzt eine passende Seele finden, wenn du schon auf der Erde bist und vorher nichts mit ihr abgesprochen hast?

Eine Seele kann deinen Lebensplan erkennen, sie schwirrt eine Zeitlang um dich herum, mit ein wenig Glück entdeckst du eine leicht schimmernde ovale Form. Sie kreist bis zu drei Jahre um dich. Sie sieht, wo du lebst, in welcher Familie, welchen Lebensumständen und so weiter. Beschließt die Seele, dass dein Lebensplan super zu ihrem passt, wählt sie dich aus und wartet auf die Schwangerschaft.

Viele denken sich jetzt möglicherweise: „Aha, ich habe zwei Kinder geplant und wenn ich mich jetzt umschaue, liegt ein Kleinkind im Bett und das andere beginnt zu laufen, jetzt kann nichts mehr passieren – weitere Kinder habe ich ja nicht geplant.

Der Plan, den wir auf Erden für unser Leben schmieden, hat meist nichts mit dem Erlebensplan der Seele zu tun – woher wollt ihr wissen, was auf eurem steht? Dieser wurde bei der Geburt gelöscht …

Mutter: Ich spreche von deiner Erdenmutter. Du möchtest die Erfahrung sammeln, eingesperrt zu sein und wie es ist, wenn sich die Mutter lieblos dir gegenüber verhält – eine sehr schwere Erfahrung, die du dir ausgesucht hast. Es stehen dir natürlich auch noch weitere Möglichkeiten in Bezug dessen, was du von deiner Mutter lernen möchtest, offen. Vielleicht, als Erwachsene erkennen zu können, dass es falsch war, wie sie dich behandelt hat, und mit deinen Kindern ganz anders umzugehen …

Vater: Du brauchst einen Ausgleich. Um dein Leben als Mensch zu „ertragen“, beschließt du im Jenseits, dass dein Vater das Gegenteil von deiner Mutter sein soll und dich abgöttisch liebt. Es sollte möglichst ein Gleichgewicht vorhanden sein, aber auch hier gibt es wieder Ausnahmen.

Geschwister: Du hast in deiner letzten Inkarnation genug Erfahrungen mit ihnen sammeln können …

Wohnraum: Du suchst du dir auch deinen Wohnbereich aus – genau wie den Ort. Möchtest du ein Haus mit deinen eigenen

Händen bauen? Du entscheidest dich für ein baufälliges Haus, das dir ständig Überraschungen liefert, so dass du reagieren musst und durch diese Renovierungen stetig dazulernst.

Tiere: Sie gehören auch in unseren Lebensplan. Wenn du als Tierarzt Tieren helfen möchtest, kannst du das machen, es würden sich jedoch in diesem Plan deine Berufswünsche ändern und in der Folge noch einiges mehr. Du entschließt dich dafür, ein großes Herz für Tiere zu haben.

Gesundheit und Körperbau: Eines ergibt häufig das andere – in den Kategorien „dick oder dünn", „groß oder klein", „attraktiv oder unattraktiv" … kannst du wählen. Du schreibst nicht jede Grippe in den Lebensplan oder einen gebrochenen Fuß, nur wenn du dadurch eine lebenslange Beeinträchtigung erleidest, mit der du umgehen musst. Eher schon schreibst du einen lang anhaltenden Krankenhausaufenthalt wegen einer lebensbedrohlichen Erkrankung in deinen Plan. Alles, was du unbedingt erleben möchtest.

Du beginnst zum Beispiel dein Leben mit normalem Körpergewicht, du kannst es auch umgekehrt machen und als Übergewichtiger starten. Entsprechend musst du dann auch andere Teile des Lebensplans umstellen. Es ist nicht so leicht, einen Teil dessen einfach zu ändern, ohne dass es Folgen für andere Bereiche hat.

Bleiben wir also bei der ersten Variante: In deiner zweiten Ehe bist du sehr glücklich und wirst nun sehr bequem. Das schlägt sich auf dein Körpergewicht nieder, du wirst übergewichtig. Deine Gesundheit leidet sehr darunter, bis es schließlich zum Herzinfarkt kommt – den du geplant hast. Daraus folgt eine schwere Herz-Operation. Aus dieser Erfahrung lernen die meisten und beginnen wieder mit sportlichen Aktivitäten, gesunder Ernährung und so weiter. So auch du – aus diesem Fehler hast du *jetzt* schon gelernt. Ihr könnt euch vorstellen, wie umfangreich so ein Lebensplan sein kann, ich habe den Plan schon so klein wie möglich gehalten.

Talente: Hier legst du fest, was du gut oder sehr gut kannst. Du entscheidest dich für das Singen und Zeichnen.

Alter und Todesart: Der Todeszeitpunkt ist im ganzen Lebensplan am schwierigsten zu beschreiben, obwohl es nur eine Zeitspanne ist, innerhalb dieser wir gehen wollen. Mit sechzig oder fünfundsiebzig Jahren, mit vierundzwanzig oder erst mit neunzig Jahren? Hier kannst du als Seele deinen freien Willen einsetzen und die Spanne ein wenig „strecken". Dies ist nicht ganz leicht zu erklären und begreifen.

Ich lege jetzt als Beispiel einfach mal einen Zeitpunkt fest: Alter achtzig Jahre und Todesart Herzstillstand. Der Herzstillstand bleibt bestehen, den kannst du nicht beeinflussen, jedoch das Alter oder den Zeitpunkt. *Wie bitte*?

Ja, das ist möglich, und zwar aus folgendem Grund: Als Seele setzt du drei „Ausstiegsmöglichkeiten", die über ein paar Jahre verteilt sind. Diese Ausstiegsmöglichkeiten nenne ich „Türen". Deine erste Tür setzt du für das Alter von achtzig Jahren. Das ist das Ziel, welches du geplant hast und an dem du deine ganzen gewünschten Erfahrungen schon „in der Tüte" hast. Du könntest also mit achtzig schon in die Heimat gehen.

Ist zu diesem Zeitpunkt aber beispielsweise eine Person in deinem Leben, der du noch ein wenig helfen möchtest oder du einfach bei ihr sein willst, damit sie jemanden um sich hat, kannst du die erste Tür auslassen und die zweite Tür, die du circa sechs Monate nach der ersten angesetzt hast, nehmen. Als Mensch nimmst du es allerdings nicht wahr, *wann* diese Tür kommt, du kannst nur als Seele mit deinem freien Willen dein irdisches Leben zunächst einmal um sechs Monate verlängern.

Nimmst du auch diese Tür nicht, aus welchen Gründen auch immer, *musst* du schließlich die letzte Tür nehmen. Sie ist durchschnittlich drei Jahre nach deiner ersten Tür angesetzt. Wie schnell diese Türen aufeinander folgen, ist unterschiedlich, die zweite Tür erscheint jedoch relativ kurz nach der ersten, die dritte kommt nach einem etwas längeren Zeitraum.

Du siehst also, die geplanten achtzig Jahre sind nicht der absolute Todeszeitpunkt, dieser kann unter Umständen sogar bei fünfundachtzig Jahren liegen. Sollte dir jemand mal eine Zukunftsprognose geben, dass du achtzig Jahre alt wirst, kannst du ihn zu Recht belächeln, denn dieser Zeitpunkt steht *niemals* ganz fest.

Dein Lebensplan ist nun fertig – du besprichst ihn im Jenseits mit deiner Seelenfamilie. Eine Seele fragt dich: „Darf ich deine Mutter sein auf Erden, denn ich brauche die Erfahrung ‚hart sein und keine Liebe erwidern.‘ Eine zweite Seele sagt: ‚Es würde perfekt passen, wenn ich mal Vater sein und dir meine ganze Liebe schenken könnte.‘ Eine weitere Seele möchte dein Kind sein ...

Du arbeitest mit den Seelen eng zusammen und ihr stimmt eure Pläne gegenseitig ab. Ist alles in Ordnung und abgesprochen, geht es los.

Deine zukünftigen Eltern gehen ein paar Augenblicke vor dir, du folgst ihnen kurz darauf. Auf der Erde sind inzwischen fünfundzwanzig Jahre vergangen, obwohl ihr im Jenseits noch vor ein paar Momenten zusammengesessen habt.

Spätestens bei der Geburt tritt dann die Seele in das Ungeborene ein. Sobald wir das Licht der Welt erblicken, wird der Lebensplan in unserem bewussten Gedächtnis „gelöscht". Wir können uns nicht an ihn erinnern, haben keinen Einfluss mehr darauf und können ihn auch nicht mehr ändern.

Es kommt hin und wieder vor, dass nicht alles gelöscht wird. Daraus entsteht manchmal das sogenannte Déjà-vu-Phänomen, das sich in dem Gefühl äußert, eine an sich völlig neue Situation schon einmal exakt so erlebt, gesehen oder geträumt zu haben.

Ab dem Zeitpunkt der Geburt beginnt unser Lebensplan, natürlich vermischt mit dem freien Willen. Du kannst dir dein Leben nun ungefähr so vorstellen: Du fährst mit dem Zug von Hamburg nach München. Die Reise dauert achtzig Jahre. Die Geburt ist in Hamburg, sterben wirst du in München.

Der Weg dorthin ist durch die Gleise vorgegeben. Du darfst aber zwischendurch aussteigen und Erfahrungen, die du nicht geplant hast, nebenbei machen – aus freiem Willen. Irgendwann steigst du wieder in den Zug, damit du weiterfahren kannst und deinem Ziel näher kommst. Wenn du durch deinen freien Willen zu weit von deinen Gleisen abkommst, greift dein Patrone ein und führt dich wieder zurück zu ihnen.

Somit ist der Weg in den wichtigsten Eckpunkten vorgegeben.

Ich bekomme sehr viele Fragen zu aktuellen Lebenssituationen, wie Scheidung, Krankheit, Unzufriedenheit mit den Lebensumständen und so weiter. Es bringt nichts, in den Lebensplan schauen zu wollen, beispielsweise ob es besser oder vielleicht noch schlechter wird. Wir kommen ihm nicht auf die Spur, da wir ihn nicht erfahren dürfen – ansonsten hätten wir ja keine Entscheidungsfreiheit mehr, wir würden nur versuchen, alle Punkte perfekt „abzuhaken". Das wäre nicht Sinn unserer Inkarnation, wir würden nichts lernen.

Allerdings – rückblickend kann so mancher sehr wohl ein Muster erkennen, zum Beispiel wenn er immer wieder in gleiche Situationen kommt, kann es eine noch nicht bewältigte Lernaufgabe sein – gehört dazu aber in erster Linie die Fähigkeit zur Selbsterkenntnis und -kritik.

Kennt ihr das? Ein Problem, das euch auf ähnliche Art wieder und wieder begegnet? Manche machen sich viel zu viele Gedanken um den Lebensplan. Ihr meint, ich habe leicht reden, mit meiner medialen Gabe und Kontakt zu Patrone habe ich bestimmt keine Sorgen und Nöte … Oh doch, ihr Lieben, habe ich, wie alle anderen Menschen auch – ihr habt ja sicher meine Geschichte in Kapitel eins gelesen.

Überlegt mal, was soll denn ein Baby oder ein Kleinkind tun, das noch nie etwas vom Lebensplan gehört hat? Die Kinder entwickeln sich dennoch weiter, auch ohne das Wissen um einen Plan. Vertraut eurer eigenen Seele und eurem Patrone. Geht einfach Schritt für Schritt euren eigenen, individuellen Weg, wozu braucht ihr das Wissen um euren Lebensplan? Ihr könnt ohnehin keine Abkürzungen nehmen, sondern müsst einen Schritt nach dem anderen tun.

Hand aufs Herz – jeder hofft doch insgeheim ein wenig darauf, dass sein Lebensplan etwas ganz Besonderes ist, etwas Ungewöhnliches, etwas Großartiges … Was wäre, wenn ich jetzt schreiben würde: „Deine Lebensaufgabe ist es, Zufriedenheit zu empfinden." Hört sich nicht so berauschend an, oder?

Geht einfach euren Weg und lasst euch von eurem Patrone begleiten und ein wenig führen. Nach Hause finden werdet ihr immer.

Nach deiner Ankunft im Jenseits wirst du begrüßt werden von denen, die es vor dir erreicht haben. Nach der Begrüßung, die, wie schon erwähnt, durchaus zwei „Menschenwochen" dauern kann, begibst du dich in das, was ich „weißer Saal" nenne, nach wie vor auf der „Ankunftsebene". Jetzt beginnst du, dein „altes Leben" – deine hinter dir liegende Inkarnation – aufzuarbeiten, diesmal als Seele.

Dir steht ein Engel zur Seite, welcher dir hilft, deine Fehler zu erkennen. Als Seele fällt dir das nun leichter als in deiner menschlichen Inkarnation. Du siehst, welche Auswirkungen deine Taten hatten und zu welchem Leid sie unter Umständen führten. Du verarbeitest deine Fehler und speicherst sie in deinem Bewusstsein ab, denselben Fehler wirst du nie ein zweites Mal machen.

Manche Seelen brauchen zum Aufarbeiten ihres alten Lebens allerdings bis zu achthundert Menschenjahre – abhängig davon, wie schnell sie erkennen und einsehen! Es gibt auch „sture" Seelen … Aber: Fehler sind da, um zu lernen.

Hast du alles verarbeitet, kannst du nun irgendwann dein nächstes Leben auf der Erde planen – den Zeitpunkt bestimmst *du*.

Zum Abschluss ein kleiner Test zum Seelenplan – schreibe rückblickend deinen eigenen Lebensplan auf. Füge alles ein, was du bis heute erlebt und erfahren hast, zum Beispiel Kinder, Freunde, Hobbys, Freud und Leid, alles, an was du dich erinnern kannst. Schreibe es einfach mal auf. Wenn du fertig bist, frage eine vertraute Person, ob sie auch mal so einen rückblickenden Plan ihres Lebens schreiben könne.

Du kannst auch die Eltern oder Kinder weglassen. Wichtig sind nur die Berufe, das Geschlecht und die Freunde. Lass den Plan dir dann zeigen und du wirst überrascht sein über das, was dir sofort in die Augen springt. Versuche es …

Lebensplan

Geschlecht:
Ort:

Berufe/Tätigkeiten:
Geld:
Liebe und Partner:
Kinder:
Mutter:
Vater:
Geschwister:
Wohnraum (bis heute):
Tiere:
Talente:

Kapitel 7
Fragen an ein Medium

In diesem Kapitel möchte ich einige Fragen, die mir häufig gestellt werden, beantworten. Am Ende des Kapitels folgen noch eine Reihe Fragen an die geistige Welt, die in medialen Schreibsitzungen gestellt wurden.

Frage: Angenommen, du hast Besuch von anderen Geistwesen, fängst aber gerade mit der Hausarbeit an, genauer gesagt mit Staubsaugen. Ist es schon einmal passiert, dass es plötzlich „leer" um dich herum wurde?

Antwort: Nein, eigentlich nicht. Beim täglichen Geschirrspülen diskutiere ich zum Beispiel sehr oft mit Geistwesen in meiner Nähe. Auch bei der Gartenarbeit sind sie sehr nahe und ich fühle ihre Anwesenheit, es stört mich aber nicht im Geringsten. Die Arbeit geht flott von der Hand und manchmal kommt sogar ein komischer Kommentar zu dem, was ich gerade mache.

Wenn ich Klienten empfange, setze ich mich meist schon zehn Minuten vorher in mein Zimmer, um mich vorzubereiten. Die entsprechende Seele ist dann schon längst bei mir und hilft mir dabei, mich auf die Person einzustellen. Meistens fühle ich auch eine Minute vorher, dass es gleich klingeln wird, und ich öffne dann schon mal die Tür.

Frage: Ich sprach mal mit einem Jenseitsmedium, diese Dame sagte, die verstorbenen Seelen seien immer da. Schon wenn sie morgens aufsteht, säßen sie um sie herum, überall, am Tisch, auf der Couch im Wohnzimmer und so weiter. Sie fand das nicht schlimm, sie sei daran gewöhnt. Ist es bei dir auch so, dass sie ständig anwesend sind, oder hast du auch mal deine Ruhe? Akzeptieren sie eine Art „Privatsphäre"?

Antwort: Fremde Seelen sind nicht sehr oft da, sie erscheinen meistens erst, wenn Hinterbliebene zu mir kommen. Allerdings sind ständig Seelen um uns herum, egal ob du nun ein Medium bist oder nicht. Sie verweilen sehr gerne bei ihren Lieben, die sie zurückgelassen haben. Ich kann sehr gut „abschalten", um nicht ständig Seelen wahrzunehmen. Dies wäre auch nicht der Sinn der Sache, da ich – wie jeder andere Mensch auch – vornehmlich mein irdisches Leben führen muss.

Frage: Hast du deine Gabe mal loswerden wollen und sie „gehasst"?

Antwort: Gehasst habe ich sie nie, vielleicht wollte ich sie mal loswerden, weil ich keine Kraft mehr hatte und völlig ausgelaugt war von allem. Ich sah manchmal keinen Sinn mehr darin – ich dachte menschlich wie wir alle. Allen voran meine Frau, aber auch meine Seelenschwester fingen mich in dieser schwierigen Zeit auf und so machte ich weiter.

Frage: Kannst du mir sagen, wie du zur Medialität gekommen bist?

Antwort: Durch meinen Patrone – meinen Schutzengel –, von klein auf hat er mich begleitet und geführt, er ist immer wie ein Freund gewesen – ohne dass ich überhaupt wusste, mit wem ich mich da unterhielt, es interessierte mich auch nicht. Er gab mir sehr große Hilfestellungen und warnte mich auch schon mal, zum Beispiel vor einem Auto, das zwei Minuten später herangedonnert kam und mich erwischt hätte, wenn ich nicht auf seinen Rat gehört hätte.

Stück für Stück trieb er mich voran und brachte mir alles bei, was ich heute kann. Keinen Lehrgang, keine Reiki-Grade – nichts dergleichen musste ich machen. Bis heute ist mein

Patrone mein Lehrmeister und ich lerne, glaubt mir das, noch immer dazu.

Frage: Wie beeinflusst dich deine Gabe?

Antwort: Sehr, ich bin recht gelassen, streite mich nicht mit anderen und rege mich nicht über Kleinigkeiten auf, mache mir nicht allzu viele Gedanken über die Zukunft und habe sie mir auch nicht über das Jahr zweitausendundzwölf mit seinem angekündigten Bewusstseinssprung und dem vermeintlichen Weltuntergang gemacht. Ich genieße lieber jeden Tag mit meiner Familie. Mein Patrone hat sehr auf mich abgefärbt: Ich bin ein sehr ruhiger Mensch, dem vieles, worüber andere sich Gedanken machen, eher unwichtig ist.

Frage: Was sagt dein Umfeld dazu?

Antwort: Anfangs war es für mich sehr schwer, mich zu „outen", es ist ja nicht „normal", dass man mit Verstorbenen sprechen kann. Als „Spinner" abgestempelt werden wollte ich nun auch nicht. Vor Jahren kam eines Tages ein Bericht über ein Medium im Fernsehen, meine Frau war so begeistert davon, dass sie mich hinzurief. Sie sagte noch zu mir: „Ich möchte auch mal zu einem Medium ..."

„Neben dir sitzt eins", dachte ich mir und ging wieder in die Küche. Mein Patrone meinte, es sei so weit, meine Frau einzuweihen, was ich auch tat. Heute habe ich die volle Akzeptanz und Unterstützung meiner Familie und Freunde.

Frage: Welche Menschen bitten dich um Hilfe?

Antwort: Aus allen Schichten unserer Gesellschaft kommen Leute auf mich zu, die einen lieben Menschen verloren haben oder Kontakt zu ihrem Patrone, einem Schutzengel, suchen. Auch Ghosthunters bitten mich um Hilfe, wenn es um ein unbekanntes Phänomen geht, das landläufig als „Spuk" bezeichnet wird.

Frage: Ist es eine große Belastung, dass so viele Menschen um Hilfe bitten?

Antwort: Nein, es ist immer angenehm, Menschen helfen zu können und ihnen ein wenig Trost und Zuversicht zu übermitteln. Allerdings muss auch ich mit meinen Kräften haushalten und kann nicht tagaus, tagein mehrere Jenseitskontakte herstellen.

Frage: Du hast Kontakt zu Verstorbenen, wie kann ich mir so einen Kontakt vorstellen?

Antwort: Bei einem Jenseitskontakt brauche ich keine Informationen von dir. Keine Bilder der Verstorbenen, kein Geburts- oder Sterbedatum, keine Hobbys oder Lieblingsfarben der Verstorbenen und so weiter. Mir selbst reicht der Vorname völlig, denn ich möchte Seelen nicht mit „Seele" ansprechen, im Grunde genommen bräuchte ich nicht einmal den Namen, ich finde es nur höflicher, sie mit dem Vornamen anzusprechen. Wenn ein Jenseitskontakt zustande kommt, erzähle ich dir alles, was ich sehe, höre oder rieche, und gebe es dir gleich weiter.

Frage: Könnte das jeder von uns?

Antwort: Jein – es ist ein sehr langer Weg dorthin –, wenn man dazu bestimmt ist, muss man erst seinen Geist wieder freibekommen. Es dauert Jahre und viele haben nicht das

Durchhaltevermögen dazu. Heutzutage ist Zeit für viele sehr knapp, alles muss sofort passieren und die Menschen verlieren sehr schnell die Geduld. In meinen Augen ist es nicht möglich, diese Gabe auf einem schnellen Wochenendseminar wieder hervorzurufen. Man muss Schritt für Schritt vorgehen. Ich bringe dir auf meinen Seminaren keine Medialität bei, ich schubse dich nur so weit, bis du deinen Patrone wahrnehmen kannst. Ab diesem Zeitpunkt ist er der beste Lehrmeister. Niemand kennt dich besser als *er*.

Frage: Wie kann ich mir das Jenseits vorstellen? Wo ist es?

Antwort: Das Jenseits kann man nicht nach einem bestimmten Schema beschreiben, jeder von uns hat sein „eigenes Jenseits". Du kannst es ganz leicht testen, wie dein Jenseits aussieht. Stelle dir den schönsten Ort vor, an dem du sein möchtest, bestimme selbst das Wetter, die Temperatur, Berge, Meer – was du möchtest, es sind dir keine Grenzen gesetzt. Genauso sieht dein Jenseits aus. Es ist genau neben dir, nur einen kleinen Schritt von dir entfernt.

Frage: Hast du selbst schon mal einen Blick ins Jenseits werfen können?

Antwort: Nicht direkt, ich nenne es mal das „Vorzimmer". Ich lag abends im Bett und fragte mich, wie es wohl „da drüben" ist. Blitzartig stand ich in einem sehr großen, weißen Raum, an den Wänden war er mit Regalen bestückt.

In den vorderen Regalen standen Soldatenfiguren, Autos, Playmobil – alles, womit ich als Kind gespielt hatte. Weiter hinten sah ich in einem Regal eine braune Schale, die einem Blatt sehr ähnelte. Ich wollte zu diesem Regal gehen, denn die übrigen Sachen darin konnte ich nur sehr schlecht erkennen.

Aber auf einmal hörte ich das Bellen meiner Hündin Leika und war ruckartig heraus aus dem Raum und schon wieder in meinem Bett. Meine Augen waren offen, ich sah weiße Fäden, an denen rote Kugeln herunterliefen. Je schneller die Kugeln liefen, desto klarer konnte ich wieder meine irdische Umgebung erkennen.

Im Nachhinein glaube ich, dass ich Teile meines Lebensplans gesehen habe – die vorderen Regale waren meine Vergangenheit, das hintere meine Zukunft. Ich konnte nichts erkennen, da es mir nicht erlaubt war, meine Zukunft zu sehen.

Frage: Glaubst du, dass es Dämonen gibt?

Antwort: Nein, es gibt keine Dämonen in diesem Sinne. Dieses Thema wurde in früheren Jahrhunderten sehr aufgebauscht, um Nichtgläubige dazu zu bringen, in die Kirche einzutreten. Die Filmindustrie steigerte das Ganze dann noch und nun hat es sich in unseren Köpfen eingebrannt. Mit Hilfe der menschlichen Angst kann man viel Macht ausüben und man kann mit ihr auch Millionen verdienen, sei es durch Filme oder allerlei „Schutz", den man sich zum Beispiel auf Esoterikmessen teuer einkaufen kann.

Frage: Was mich auch interessiert, weißt du oder siehst du, wenn du einem Menschen gegenüberstehst, wann er heimgeht, wann seine Zeit auf Erden vorbei ist? Oder wird dir so was vielleicht in dem Moment, wo du mit dessen verstorbenen Angehörigen Kontakt hast, übermittelt?

Antwort: Hört sich jetzt vielleicht verrückt an, aber ich rieche es meistens drei bis fünf Tage vorher. Mir ist es das erste Mal beim Einkaufen passiert, als ich an einer Bekannten vorbeiging. Es roch nach Rosen und Honig, fast wie in einem

Blumenladen. Ich dachte mir aber nichts dabei. Die Bekannte verstarb vier Tage später an Herzversagen. Den Geruch schob ich auf das Lebensmittelgeschäft und machte mir auch keine weiteren Gedanken darüber.

Ein paar Wochen darauf dasselbe, nur diesmal auf einem Parkplatz, ich fragte noch: „Sag mal, riechst du das?" Die Antwort war nein. Es war ein junger Mann von einundzwanzig Jahren, ich kannte seinen Vater sehr gut. Der junge Mann verstarb allerdings schon nach einem Tag an einem allergischen Schock. Da wurde mir klar: Den Tod kann man riechen. Von Hunden und Katzen ist dies ja schon länger bekannt.

Das genaue Todesdatum bekomme ich bei einem Jenseitskontakt aber *nie* mitgeteilt. Ich frage auch niemals danach, nicht einmal, wenn ich von einem Hinterbliebenen darum gebeten werde. Ich würde sowieso keine Antwort bekommen – nicht über alles dürfen uns die Jenseitigen informieren.

Eine Seele oder aber auch ein Engel darf keine Aussagen über unsere Zukunft machen, die auf unsere Entscheidungen einen direkten und unmittelbaren Einfluss hätten. Dies wäre ein Eingriff in den freien Willen des Menschen.

Frage: Wie „siehst" du die Seelen denn? Siehst du sie ziemlich real, na ja, halt so, wie du „irdischen" Besuch siehst?

Antwort: Du kannst es gerne mal selbst versuchen, wie es sich „ansieht". Schaue dir auf einem Bild eine Person genau an, dann schließe deine Augen, du siehst sie immer noch, als „Nachbild", nicht wahr? Genauso musst du es dir vorstellen. Der einzige Unterschied ist: Ich kann die Augen öffnen und sehe sie immer noch. Ich sehe sie herumlaufen oder wenn sie sich neben dich setzt – sozusagen mit dem dritten Auge. Im Kopf verschmilzt es und ich kann den Hinterbliebenen beschreiben, wo ihre Lieben sitzen und welche Kleidung sie in dem Moment tragen.

Frage: Gibt es in der geistigen Welt auch so etwas wie die „stille Post"?

Antwort: Ja, die gibt es – der Schützling wird, nicht ganz „aus Versehen", mit in ein Gespräch eingebaut. Jeder kennt den Spruch „Zwei Dumme, ein Gedanke" – hier unterhalten sich zwei Schutzengel und die beiden Menschen sind in das Gespräch eingebunden. In der geistigen Welt wird über Gedanken kommuniziert, diese sind Schwingungen und können sich auch auf die Schützlinge übertragen.

Stell es dir so vor: Der Satz oder Gedanke des ersten beginnt und der zweite kann genau dort weitermachen, wo der erste aufgehört hat, da er die Schwingung aufgenommen hat. Dies funktioniert auch über Hunderte von Kilometern. Wir Menschen nennen es „Telepathie" oder „Fernwahrnehmung".

Frage: Können geistige Wesen von sich aus ein Medium aufsuchen, um eine Nachricht an jemanden aufzugeben, von dem sie bereits wissen, dass du diese Person in wenigen Tagen treffen wirst?

Antwort: Ja, das ist möglich. Ich greife nochmals ein Beispiel – aus meinem ersten Buch – auf.

Bei einer medialen Schreibsitzung mit meiner Schwägerin Delia und meiner Frau kam deren Mutter durch und schrieb einen Satz in Romanes, der Sprache der Sinti. Wir verstanden ihn nicht und baten sie um eine Übersetzung. Sie hat uns aber nichts übersetzt und ihn so stehen lassen. Am nächsten Tag fragten die beiden ihre anderen Schwestern, doch keine wusste, was gemeint war.

Am Tag darauf entschloss sich meine Frau, ihren großen Bruder zu fragen. Verdutzt erzählte er ihr: „Diese Botschaft ist für mich." Meine Frau fragte warum und weshalb? Die Übersetzung lautete: „Deine Tochter kommt wieder zurück." Die Tochter meines Schwagers war seit drei Tagen verschwunden und er machte sich große Sorgen. Am selben Tag, an dem er diesen Satz übersetzte, kam seine Tochter wieder nach Hause.

Das zweite Beispiel fand in meiner alljährlichen vierwöchigen Auszeit statt. In dieser Zeit lese ich keine Anfragen, vergebe keine Termine und höre auch keine Seelen und Engel – so dachte ich zumindest bis dahin.

Eines Morgens wachte ich schon sehr früh, um fünf Uhr dreißig, auf und hörte laute Schmerzensschreie. Ich sprang auf und schaute durch das offene Fenster. Die Schreie wurden immer lauter und es hörte sich so an, als ob ein Lastwagen einen Mann gegen die Mauer an meinem Garten drücke. Es war furchtbar, aber ich konnte nichts sehen. Es musste also eine Seele sein. Wie war das möglich, dass ich Schreie hörte in meiner Auszeit? Nachfragen konnte ich nicht, denn auch mein Patrone meldete sich in dieser Zeit nicht.

Zwei Wochen darauf hatte ich eine private mediale Schreibsitzung und wieder hörte ich kurz ein Schreien. Plötzlich roch ich Abgase und Öl wie in einer Autowerkstatt, doch ich bekam keine Infos darüber. Etwas später befasste ich mich wieder mit meinen Mails.

Ich hatte eine Nachricht erhalten von einer Frau, deren Mann sich das Leben genommen hatte. Peng, das war also er, schoss mir sofort durch den Kopf! Ich schob sie sofort für einen Termin ein und wusste genau, was mich erwarten würde und was die Seele mir mitteilen wolle. Leider kam es anders als erwartet …

Die Frau wollte nicht die drei Wochen bis zum Termin warten und entschloss sich, bei Ebay die Auskunft eines Mediums zu ersteigern. Ich schrieb sie nochmals an, ob sie vielleicht den vorgezogenen Termin vergessen hätte, doch es kam keine Antwort. Mein Patrone meinte, es sei ihr „freier Wille" gewesen, eine schnelle „Auskunft" zu suchen, leider bekam sie dort aber nicht die erhofften Antworten.

Bis heute habe ich nichts mehr von ihr gehört – dabei hatte ich alle Antworten schon Tage zuvor.

Frage: Manche medialen Personen behaupten, dass Rauchen, Kaffee trinken, Fleisch essen und so weiter das „geistige Sehen, Hören oder Fühlen" negativ beeinflussen und man als Medium dann nur „niedrigere Wesen" erreichen kann, ist da was dran?

Antwort: Da hast du aber einen „Volltreffer" gelandet – ich bin Raucher, Kaffeetrinker und esse auch ganz gerne Fleisch, es beeinträchtigt die Durchsagen, die ich bekomme, in keinster Weise. Auch beim medialen Schreiben kannst du rauchen oder etwas essen, ganz, wie du möchtest. Nur Alkohol und starke Schmerztabletten solltest du vermeiden, denn dann wird es schwierig, Durchgaben von eigenen Gedanken zu unterscheiden.

Frage: Roland, wie ist das denn, wenn ich jetzt zum Beispiel zu einer Sitzung käme, würdest du dann meine gesamte Begleitung auch sehen?

Antwort: Ich sehe, wenn du durch die Tür trittst, wen du alles dabeihast. Im Schnitt sind es meistens zwei oder drei Seelen, die du mitbringst – und natürlich deinen Engel. Auch den kann ich wahrnehmen.

Frage: In deinem ersten Buch steht etwas vom Lebensplan. Er ist also schon geschrieben und ich renne durch das Leben, um alles zu erfahren?

Antwort: Der „Plan" ist ein sehr komplexes Thema – solche Fragen bekomme ich häufig. Am besten beginne ich mit einem Beispiel, um es ein wenig verständlicher zu machen.

Nehmen wir an, du hast deine Ausbildung im Straßenbau gemacht, du hast dort sehr viele Erfahrungen gesammelt, zum Beispiel wie man einen Bagger betätigt oder Rohre verlegt. Du weißt, wie man am Bau arbeitet und du kannst sogar Lehrlingen helfen, indem du deine Erfahrungen mit ihnen teilst.

Nach ein paar Jahren möchtest du dort aber nicht mehr arbeiten. Den Winter und die Kälte magst du nicht mehr und auch nicht, im Sommer in der Gluthitze zu stehen, um zu pflastern. Du kündigst und entscheidest dich nun, in die Farbenproduktion zu gehen, und zwar als Büroangestellter. Nützt dir jetzt das Wissen, das du beim Straßenbau gesammelt hast, in deinem neuen Job? Nein, es nützt dir gar nichts und so beginnst du wieder von vorne, etwas Neues zu lernen und zu erfahren.

Genauso ist es mit den Seelen und dem Lebensplan, jedes einzelne Leben ist wie *eine* Ausbildung, du sammelst jede Menge Informationen und Wissen darüber, egal ob positiv oder negativ, und speicherst es als Seele ab.

Bleiben wir bei dem Vergleich als Auszubildender: In den drei Jahren deiner Lehrzeit bist du nicht ständig in der Schule, um zu lernen, sondern nur ein paar Wochen, den Rest der Zeit bist du auf der Baustelle, um praktische Erfahrungen zu machen. So steht es in deinem Ausbildungsvertrag.

In deinem Lebensplan stehen auch nur ein „paar" Jahre fest, die du brauchst, um bestimmte, fest vereinbarte Erfahrungen zu machen. Sagen wir, du wirst hundert Jahre alt, davon sind fünfundzwanzig Jahre fest geplant. Den Rest kannst du frei gestalten. Du hast einen freien Willen und kannst ihn jederzeit einsetzen, keine Seele, kein Patron kann ihn beeinflussen, du bist keine „Marionette".

Solltest du von deinem geplanten Pfad abkommen, so versucht dein Patrone, dich wieder auf den „richtigen" Weg zu schubsen. Das ist eine seiner Aufgaben. Es gibt übrigens keinen kurzen oder langen Weg, alle führen zum Ziel. Es macht nichts, wenn du mal einen „Umweg" nimmst.

Jeder Mensch, der dir nahesteht, ist in deinen Plan „eingeweiht" und spielt eine Rolle darin. Auch deine „Feinde" sind in deinen Lebensplan eingebaut – und du in deren.

Eine Mutter, die ihr Kind sehr früh verloren hatte, schrieb mich mal an, wie es denn sein kann, dass ihr Kind von ihrem Plan wusste, sie sei doch schon vierzig Jahre alt. Hier gibt es mehrere Möglichkeiten, denn jede Seele verbleibt durchschnittlich hundert Jahre im Jenseits, dort kannst du mit deinem zukünftigen Kind schon planen, was in vierzig Jahren geschehen soll.

Zum Beispiel möchtest du als Mutter einer Seele ermöglichen, die Erfahrung zu machen, schon sehr früh wieder heimzugehen – du stellst dich für eine sehr reife Seele zur Verfügung, damit sie diese Erfahrung machen kann. Umgekehrt will deine Seele erfahren, wie es ist, schon sehr früh sein Kind wieder gehen zu lassen.

Wir Menschen werden jetzt sagen, welch eine schlimme Erfahrung – aber Seelen werten nicht, sie reifen durch Erfahrungen, die sie freiwillig machen wollen.

Frage: Wenn du einen Kontakt aufnimmst per Mail und du bekommst dann einen Namen genannt – angenommen, ich nenne dir den Namen Paul, es gibt aber

Tausende von Pauls – woher weißt du, welche Seele gemeint ist?

Antwort: Es ist ganz einfach, die Seele Paul spürt *dich* und kennt dich, darum kommt „dein Paul" durch. Er weiß, du möchtest mit *ihm* sprechen und nicht mit einem anderen Paul.

Du kannst es dir so vorstellen: Du sitzt in einer Gaststätte mit vielen Pauls. Tausend Pauls sind vertreten und deiner mittendrin. Du rufst jetzt nach Paul und alle sehen dich an – aber wer, denkst du, wird nach vorne kommen? Ein gewisser Paul oder alle Pauls? Es kommt nur der, der *dich* kennt.

Frage: Gibt es parallel zu uns noch andere Seelen, die auf anderen Planeten inkarniert sind?

Antwort: Es gibt keine anderen Planeten mit menschlichen Seelen – es gibt aber andere Wesen auf anderen Planeten. Sie haben keine menschliche Gestalt, auch keine, die uns von Tieren bekannt ist. Wenn man die Gestalten mit irgendeiner hier bekannten vergleichen will, ähneln sie am ehesten „großen Amöben oder Quallen", aber sie sind höher entwickelt als Menschen. Sie benötigen keinen „Lebensplan" und werden umgerechnet etwa zweihundert Menschenjahre alt.

Im Jenseits leben sie nicht mit den menschlichen Seelen zusammen, sondern haben ihre eigene Region. Ein gegenseitiger Besuch ist aber, wenn erwünscht, jederzeit möglich.

Frage: Was geschieht nach unserer letzten Inkarnation?

Antwort: Wir bleiben im Jenseits und unser Patrone – oder Guide – bekommt einen neuen Schützling zugeteilt. Diesen kann er sich nicht selbst aussuchen ohne das „Okay von Gott", da Patrone und Schützling von Gott immer genau aufeinander abgestimmt werden. Der Mensch hat immer nur einen Patrone oder Guide, „Hilfsguides" oder „temporäre Guides" gibt es nicht.

Der Guide kann sich in unterschiedlicher Gestalt zeigen – ob als Mann oder Frau, jung oder älter ... – immer so, wie es für dich persönlich hilfreich ist.

Frage: Kann ein Medium einer Seele aus dem Geistergürtel heraushelfen?

Antwort: Ein Medium kann die Seele nur bitten, ins Licht zu gehen, ausschlaggebend ist aber der freie Wille der Seele, dies auch zu tun. Selbst die geistige Welt kann eine Seele nicht „mit Gewalt" herausholen, wenn diese nicht will oder es nicht einsieht. Ein Medium, das derartiges verspricht – und dann auch noch gegen Honorar – kann man getrost als „Scharlatan" bezeichnen.

Die geistige Welt kennt allerdings keinen „Geistergürtel", das ist wieder eine menschliche Erfindung, sie nennen es auch nicht „Erdgebundenheit", sondern „Menschengebundenheit" – also gebunden an das Dasein als Mensch, welches diese Seelen nicht aufgeben wollen oder können in ihrer Unwissenheit.

Nach Suizid ist die Seele grundsätzlich erst einmal menschengebunden, es gibt nur wenige Ausnahmen, dazu später. Dies ist aber keine Strafe – die gibt es nicht –, sondern nur eine Frage von Ursache und Folge: Der Lebensplan wurde nicht zu Ende geführt, so bleibt die Seele erst einmal „menschengebunden" – egal wie sie es als „Mensch" gesehen hat.

Wenn sie den „Fehler" eingesehen hat und dann von selbst ins Licht will, wird sie auch ohne Probleme dorthin gehen können. In der nächsten Inkarnation – im nächsten Leben –

wird der nicht erfüllte Teil des alten Plans an den nun neuen Plan „drangehängt" – es ist also einiges zu bewältigen ...

Frage: Warum stellst du deine „Gabe" kostenlos zur Verfügung. Du könntest doch davon sehr gut leben?

Antwort: Ich denke, hier kam von Anfang an mein Patrone ins Spiel und auch meine eigenen Erfahrungen.

Ich habe es bis heute nie leicht gehabt und trotzdem habe ich Jenseitskontakte bislang kostenlos angeboten. Ich kenne die Situation, wie es ist, wenn man Hilfe sucht und die erste Frage sich sofort ums Bezahlen dreht. Das möchte ich nicht – Trauernden das Geld aus der Tasche ziehen. Natürlich gibt es hin und wieder Menschen, die mir etwas spenden, und meine Freude ist dann immer groß, wenn ich etwas bekomme – für mich ist es „ausgleichende Gerechtigkeit".

Leben könnte ich davon jedoch nicht, dafür sind es zu wenige, aber von klein auf wurde ich geführt von meinem Patrone. Das alles hat ein wenig abgefärbt auf mich, denn er brachte mir alles „kostenlos" bei.

Vielleicht ist es meine Aufgabe zu helfen – auch und gerade den sozial schwachen Menschen, die nicht mal eben hundert Euro und mehr für einen Jenseitskontakt ausgeben können. Allerdings haben bei mir in der letzten Zeit große Veränderungen stattgefunden, auch ich muss leben und meine Familie ernähren können. Daher glaube ich, es ist nicht verwerflich, wenn ich in Zukunft ein kleines Honorar für meine Unterstützung vereinbare – ansonsten müsste ich diese Arbeit vorerst aufgeben.

Frage: Wie weit kann ein Medium bei Fragen ans Jenseits ins Jenseits vordringen? Ist der Patrone oder Guide hier die höchste erreichbare „Instanz beziehungsweise Ebene" – ohne das jetzt hierarchisch zu sehen – oder gibt es hier eine andere Grenze: bis hierhin und nicht weiter?

Antwort: Es ist auch möglich, mit Gott direkt zu sprechen. Ansonsten gibt es keine „höheren Instanzen", auch der Patrone ist nicht „höher" als wir, bei Gott sind alle gleich. In einer Familie ist ja auch nicht ein Kind „höher" als die anderen, nur vielleicht anders begabt … „Meister und Erleuchtete", die es auf der Erde gab oder gibt, waren oder sind ebensolche Seelen wie wir, nur halt mit anderen „Gaben".

Gott macht keinen Unterschied in der Wertigkeit.

Frage: Gibt es zu dem Modell mit den Kopien „Vollseele" oder „Teilseele" vielleicht ein anderes, uns nicht so bekanntes Modell, welches die Struktur im Jenseits erklärt? Wenn ja …, dann bitte mit einer verständlichen Definition.

Antwort: Das ist „menschliche Erfindung" – so etwas ist im Jenseits uninteressant. Dort herrscht nur das Positive, am besten mit dem Wort „Liebe" zu beschreiben. Wenn damit aber „Gesamtbewusstsein" und „Teilbewusstsein" gemeint ist – das gibt es in der Tat.

Vor jeder menschlichen Inkarnation wird das Gesamtbewusstsein der Seele „abgesenkt" auf nur einen Teil desselben – dies ist notwendig für das Dasein als Mensch, anders wäre es nicht möglich. Im Jenseits gibt es Fähigkeiten beziehungsweise Fertigkeiten, die – Zitat – „… zu kompliziert sind, als dass man sie uns erklären könnte". Sie scheinen mit nichts auf der Erde Bekanntem vergleichbar zu sein.

Frage: Wie können wir uns eine neue Inkarnation vorstellen? Inkarniere ich als dieselbe Seele, nur mit anderen Erlebenswünschen, oder kehrt nur ein Teil oder gar eine ganz neue Seele zurück auf die Erde? Was ja bedeuten würde, dass jede Seele nur einmalig inkarniert.

Antwort: Du inkarnierst als dieselbe Seele, die du bist und immer warst, nur mit anderen Erlebenswünschen.

Frage: Ist es nicht verboten, mit Verstorbenen zu sprechen?

Antwort: Ein solches Verbot steht im Alten Testament. Tatsächlich stören wir die Ruhe der Verstorbenen nicht. Man sollte nach dem Tod allerdings eine durchschnittliche Wartezeit von sechs Monaten einhalten, bevor man die Seele zu kontaktieren versucht, um ihr Zeit zu geben, sich zunächst einmal in unserer aller Heimat wieder zurechtzufinden. Ohne ihre Einwilligung auf unsere Bitte um Kontakt kann dieser niemals hergestellt werden.
Und nochmals: Eine Seele oder aber auch ein Engel darf keine Aussagen über deine Zukunft machen, wenn sie auf unsere Entscheidungen einen direkten und unmittelbaren Einfluss hätten. Dies käme einem Eingriff in den freien Willen des Menschen gleich. Solche Fragen sollte man also gar nicht erst stellen.

Frage: Wissen die Verstorbenen um unsere Lebenssituation?

Antwort: Ja, sie wissen, in welcher Situation du gerade steckst. Allerdings ist dieses Wissen hauptsächlich auf unsere seelische und emotionale Situation bezogen. Sie können deine Gedanken lesen und wissen, was dich bedrückt.

Frage: Werden wir unseren Lieben irgendwann einmal gleichgültig?

Antwort: Nein, um Gottes willen …, in den ersten Monaten nach ihrem Ableben sind sie sehr viel bei ihren Lieben, um ihnen zu zeigen: Wir sind am Leben. Danach entfernen sie sich ein bisschen, damit wir wieder zurückfinden ins Leben, sie weichen uns aber niemals ganz von der Seite, sie wollen nicht, dass wir traurig sind, sondern unser Leben weiterleben, bis zum Wiedersehen.

Frage: Erkennen wir unsere Verstorbenen wieder, wenn wir selbst sterben?

Antwort: Zu hundert Prozent, sie warten an der Türe und freuen sich riesig über das Wiedersehen, alle, die schon in der Heimat sind, warten auf dich und begrüßen dich mit offenen Armen. Eine Ausnahme ist allerdings der Suizid – ich kann nur ausdrücklich davor warnen, einem lieben Verstorbenen „folgen" zu wollen – es wird so nicht funktionieren.

Frage: Kann es sein, dass mein verstorbener Angehöriger zornig über etwas ist, was ich zu seinen Lebzeiten getan habe?

Antwort: Nein, keineswegs, die Verstorbenen denken nicht mehr menschlich und sind auch nicht nachtragend. Diese rein menschlichen Dinge interessieren sie nicht mehr.

Frage: Verändern sich Verstorbene im Jenseits?

Antwort: Das Jenseits bietet jeder Seele die Möglichkeit, sich weiterzuentwickeln, negative und egoistische Strebungen abzulegen und alle positiven Eigenschaften der Seele zu stärken.
Sie verliert sicher niemals ihre charakteristischen Besonderheiten, die sie in ihrer letzten Inkarnation hatte: Eine

heitere, den Freuden des Seins zugewandte Seele wird sicher nicht zu einer, die ernst und dramatisch ist. Auch bleiben bestimmte Neigungen und Vorlieben erhalten: Die Liebe zur Musik etwa oder zur Natur wird weiter ausgeprägt sein, wenn sie auch wesentlich allumfassender wird. Es finden sich sogar sehr viele Seelen, die relativ unverändert so sind, wie sie zu Lebzeiten waren.

Frage: Wenn die Seele eines Menschen, den ich liebhatte, wieder inkarniert, während ich noch lebe, treffe ich sie dann gar nicht mehr an, wenn ich ins Jenseits gehe?

Antwort: Die Seele verbleibt im Durchschnitt achtzig bis hundert Jahre im Jenseits, manche noch länger, die Chance auf ein Wiedersehen mit deinen Lieben ist also sehr hoch. Es gibt nur eine einzige, seltene Möglichkeit, dass du sie nicht sofort antriffst: wenn sie in *deine* Familie reinkarnieren.

Wenn zum Beispiel deine Mutter oder dein Vater verstirbt, besteht die Möglichkeit, dass deine Mum oder Dad bei dir wieder als Sohn oder Tochter inkarnieren. Diese Konstellation habe ich bei einer Rückführung schon selbst erlebt. Der Vater inkarnierte bei seiner Tochter als deren Tochter.

Verlierst du einen Sohn oder eine Tochter, werden sie nicht als solche reinkarnieren, diese Möglichkeit gibt es nicht. Du wirst sie erst wiedertreffen beim Heimgang deiner Seele.

Frage: Interessiert es unsere Verstorbenen noch, was ihnen zu Lebzeiten wichtig war?

Antwort: Was die Zuneigung, Fürsorge und Liebe zu bestimmten Menschen angeht, so wird diese Liebe nur noch tiefer und frei von allen Egoismen oder Ängsten sein. Das Gleiche gilt für besondere Vorlieben wie generelle Liebe zu Tieren, Kindern oder Pflanzen. Aber all jene Bereiche, mit denen wir uns – getrieben von Sorgen und Ängsten, Zwängen und Nöten – beschäftigt haben, verlieren nach und nach vollständig an Bedeutung. Sie werden als das erkannt, was sie unserer Seele waren: Herausforderungen.

Frage: Gehen nach dem Tod alle Seelen sofort in den Himmel?

Antwort: Nein, es gibt Seelen, die sich aus verschiedenen Gründen dagegen sperren, das ist ein sehr schmerzlicher Zustand und sowohl für diese Seele als auch für deren Hinterbliebene alles andere als friedvoll.

Solche Seelen treffen manchmal bewusst eine Entscheidung gegen das Licht. Sie weigern sich beispielsweise, ihre „Macht" oder ihre irdischen Besitztümer aufzugeben, wollen und können sich nicht „fallenlassen", sondern bestehen darauf, selbst alle Kontrolle zu behalten. Sie sind ganz und gar den menschlichen Egoismen unterworfen, geprägt von Hass, Neid, Gier und Machthunger und bleiben deshalb zunächst erd- beziehungsweise menschengebunden. Und das ist der Grund, warum ich Laien davor warne, Experimente mit Kontakten zu Jenseitigen zu machen, wie zum Beispiel das „Gläserrücken". Es kann sehr gefährlich werden, solch eine Seele zu erwischen.

Dann gibt es noch Seelen, die einfach nicht kapiert haben, dass sie nun ihren irdischen Körper abgelegt haben und nicht mehr als Mensch auf der Erde weilen. Diese sind meist sehr verwirrt und hilflos, gehen aber nach einer Weile auch ins Licht.

Entscheidend ist in allen Fällen ihre Einsicht und ihr eigener freier Wille.

Frage: Was geschieht mit einem Selbstmörder, wenn er gestorben ist?

Antwort: Es gibt keine allgemeingültige Antwort auf diese Frage. Entscheidend ist die Motivation für den Suizid: Geschah er aus Hass, Rachegelüsten, Feigheit, Hochmut oder ähnlichen Gründen, wird es schwer für die Seele, ins Licht zu gehen. Diese Seelen haben ihren Lebensplan aus niederen Motiven vorzeitig beendet, sind sozusagen vertragsbrüchig geworden und sehen nun, welchen Fehler sie gemacht haben und was sie ihren Angehörigen damit angetan haben.

Aber es kann durchaus auch sein, dass diese Art des Todes einen medizinischen Hintergrund hat, beispielsweise aufgrund von Demenz oder schweren psychischen Erkrankungen, wegen derer die Urteilsfähigkeit stark eingeschränkt war. Hier muss von Einzelfall zu Einzelfall nachgefragt werden, was mit der Seele geschehen ist.

Nicht jeder Suizid führt automatisch zu einer Erd- oder Menschengebundenheit.

Frage: Wird eine Seele nur deshalb geboren, um Erfahrungen zu sammeln?

Antwort: Ja. Die Seele strebt nach Vollkommenheit, sie möchte alle Erfahrungen, die es gibt, sammeln. Da es sehr viele Erfahrungen sind, die sie sammeln kann, muss sie öfters auf die Erde – um auch wirklich alles zu „erleben". Weitere Gründe sind, neue Fähigkeiten zu erproben, sich mit neuen Wahrheiten der Seele zu bewähren – beispielsweise, eingesehene Fehler aus dem vorherigen Leben „abzuarbeiten" … Ein grausamer Machthaber schlüpft zum Beispiel im nächsten Leben in die Rolle des Unterdrückten, um nicht zuletzt anderen Seelen dabei zu helfen, ihren Lebensplan zu erfüllen.

Frage: Wenn jede Seele ihr irdisches Leben schon vor der Geburt festgelegt hat, haben wir persönlich dann überhaupt noch Möglichkeiten, an unserem Schicksal etwas zu verändern?

Antwort: Nur die wichtigsten Eckpunkte eines Lebens sind festgelegt: Geburtszeit, soziales Umfeld in der Kindheit, die kulturelle Epoche der Menschheit, in die wir geboren werden, die Eltern und Familie, die Menschen, die wir lieben oder die unsere wichtigsten Gegner sind, bestimmte Handicaps und Erkrankungen und der „ungefähre" Zeitpunkt des Todes. Wenn du zum Beispiel hundert Jahre alt wirst, hast du circa fünfundzwanzig Jahre fest eingeplant, der Rest unterliegt deinem freien Willen als Mensch.

Auf viele Dinge haben wir keinen Einfluss zu Lebzeiten, wohl aber darauf, was wir daraus machen, welche Rückschlüsse wir ziehen und welche Kräfte wir innerhalb dieser Eckpunkte entfalten. Man sollte sich also hüten, zu sagen: Ich konnte ja nicht anders und bin auch nicht schuld an meinem Verhalten – es war ja mein Plan ...

So einfach können wir uns nicht herausreden ..., wir selbst haben immer die Wahl und die Eigenverantwortung, was das betrifft.

Frage: Inkarnieren höhere und niedrigere Seelen?

Antwort: Es gibt keine Wertung der Seelen in niedrig und hoch, jung oder alt. Wohl aber gibt es solche, die weit in ihrer Bewusstwerdung fortgeschritten sind. Das sagt aber nichts über ihren Wert aus. Eine Seele, die beispielsweise schon fünfmal auf Erden war, hat einfach schon mehr Erfahrungen sammeln können als eine Seele, die erst zweimal die Möglichkeit dazu hatte.

Allerdings spielt die Reihenfolge ihrer Erfahrungen nicht zwingend eine Rolle, weshalb wir im irdischen Dasein nicht unbedingt ableiten können: Dieser Mensch ist sehr klug, also war die Seele schon oft auf Erden – und umgekehrt.

Frage: Warum muss eine Seele überhaupt inkarnieren, kann sie nicht im Jenseits alle Erkenntnisse erlangen?

Antwort: Es geht nicht darum, etwas intellektuell zu verstehen, sondern es geht um *innere Wahrheiten:* Damit uns etwas *wahr* ist, müssen wir es ganz persönlich und ganz direkt erlebt haben. Wenn jemand intellektuell *versteht,* dass Töten furchtbar ist, hindert ihn dies unter Umständen keineswegs, bei entsprechender Situation doch selbst zu töten. Wenn eine Seele aber erfahren hat, wie es sich anfühlt, getötet zu werden, oder wie es sich anfühlt, schuld am Tod eines Menschen zu sein, dann erst ist es ihr *ewig* Wahrheit, dass Töten für sie selbst nie wieder ein Mittel der Konfliktlösung sein kann.

Frage: Hat jeder Mensch einen Schutzengel – und wofür?

Antwort: Jeder Mensch hat einen Engel – auch Geistführer oder Guide genannt –, der dafür sorgt, dass sein Schützling alle Lebensplanpunkte erreichen kann, die er erreichen wollte. Doch gegen den freien Willen eines Menschen und seiner Seele kann und darf er nichts tun.

So ist es dem Schutzengel zum Beispiel unmöglich zu verhindern, dass sein Schützling Suizid begeht, wenn er dies beschließt. Er kann mahnen, versuchen, ihn auf einen anderen Weg zu „stupsen", aber wenn der Schützling taub für alles ist, steht der Engel hilflos daneben.

Frage: Ist mein Schutzengel wirklich immer und überall bei mir und sieht mir zu?

Antwort: Ja, das ist er zu jeder Zeit, es gibt für einen Engel äußerst „langweilige" menschliche Dinge – zum Beispiel Schlafen oder diverse menschliche „Verrichtungen" –, diese entziehen sich seiner Aufmerksamkeit, sie interessieren ihn gar nicht. Aber wann und wo immer es für unser Leben wichtig ist, steht er an unserer Seite.

Frage: Kann ich meinen Schutzengel enttäuschen?

Antwort: Nein, sein Verständnis, seine Liebe und Treue zu dir reicht oft viel weiter als unsere eigene.

Frage: Haben Schutzengel Emotionen?

Antwort: Ja sicher, zum Beispiel Liebe, Mitgefühl, Trauer und Freude und natürlich *Humor.*
Ihr Humor ähnelt immer dem ihres Schützlings und es kann sein, dass so die eine oder andere „Klippe" des Lebens gemeinsam umschifft wird. Mancher Engel hat sogar einen ausgesprochen „schwarzen Humor" – niemals aber ist er hämisch oder schadenfroh.

Frage: Gibt es eine Hierarchie der Engel?

Antwort: Nein es gibt keine Hierarchie der Engel, jeder Engel und jede Seele ist vor Gott gleich. Warum manche Menschen so komplizierte Hierarchien für Engel und das Jenseits erstellen, ist mir bis heute ein Rätsel.
Sie übersehen die einfachsten Dinge. Sie denken und behaupten, dass das Jenseits wie eine Firma aufgebaut sei – mit Vorarbeitern, Abteilungsleitern und den „normalen" Arbeitern. Sie kennen es von der Erde nicht anders und stellen es sich halt „drüben" auch so vor. Ohne einen Vorgesetzten und wiederum

dessen Vorgesetzten geht es ja nicht aus menschlicher Sicht. Im Jenseits jedoch ist das ganz einfach.

Frage: Wer spricht durch welches Medium?

Antwort: Das können Engel, Geistführer, Seelen Verstorbener sein. Viele Medien haben intensiven Kontakt zu einer oder auch mehreren Wesenheiten. Ich rufe meist niemand Bestimmten, sondern bitte darum, dass diejenigen kommen mögen, die möglichst Hilfreiches und Umsetzbares zu sagen haben.

Frage: Wie sieht die geistige Welt uns Menschen?

Antwort: Oftmals mit einem Kopfschütteln, aber immer liebevoll und bereit zu helfen und zu unterstützen. Egal was du auch anstellst in deinem Leben, Seelen oder Engel werden dir *nie* den Rücken kehren – geben aber gerne, soweit sie dürfen, den einen oder anderen Tipp.

Frage: Was ist ein Volltrance-Medium?

Antwort: Ein Medium, welches in tiefe Trance geht, sich derart zurücknimmt, dass es weder während der Sitzung noch danach weiß, was gesagt wurde oder geschehen ist. Meist benötigt es einen Helfer, der das, was durch das Medium gesprochen wurde, notiert – oder es arbeitet mit einem Aufnahmegerät.

Frage: Welche Rolle spielen die Persönlichkeit, der Charakter und die Bewusstheit des Mediums?

Antwort: Diese Dinge werden immer eine Rolle spielen, wenn auch jedes professionelle Medium darum bemüht ist, sich in der Sitzung zurückzunehmen und neutral zu bleiben. Es wird bei jedem Channeling eine Färbung der Botschaften durch das Medium stattfinden, das lässt sich nicht völlig vermeiden. Deshalb ist es sehr wichtig, dass seitens des Klienten Sympathie und Vertrauen vorliegen.

Frage: Gibt es Medialität bei Kindern?

Antwort: Kinder sind grundsätzlich weitaus medialer als Erwachsene. Diese Fähigkeiten verlieren sich jedoch meistens mit zunehmendem Alter.

In der Grundschule wird Kindern ein „gewisser Glaube" eingetrichtert. Sie können oder dürfen sich nicht frei entwickeln. So verlieren sie langsam den Kontakt zum Jenseits. Wenn sie älter werden und die Pubertät einsetzt, verlieren sie ihre Verbindung ins Jenseits meist ganz.

In meinen Augen sollte man Kinder Kinder sein lassen. Sie sollten selbst entscheiden dürfen, was sie glauben, wenn sie erwachsen genug sind, um die vielfältigen Zusammenhänge überhaupt zu verstehen und sich eine eigene Meinung bilden zu können.

Frage: Gibt es ein Leben nach dem Tod?

Antwort: Ja, natürlich, oder hättest du jetzt eine andere Antwort von mir erwartet?

Frage: Nutzen die Seelen im Jenseits regelmäßig die Möglichkeit der Kommunikation mit Gott oder haben sie nicht das Verlangen danach?

Antwort: Alle Seelen auf der Lichtebene können mit Gott kommunizieren und tun es auch.

Frage: Gibt es im Jenseits einen linearen zeitlichen Ablauf der Dinge? Also gibt es Vergangenheit, Gegenwart und Zukunft? Oder kann ich, ähnlich wie auf einer CD, alle Erinnerungen und Erfahrungen – vergangene, gegenwärtige, zukünftige – abrufen?

Antwort: Es läuft alles gleichzeitig ab. Alles ist schon passiert und jederzeit bei Bedarf abrufbar.

Zum Vorstellen hier ein bildliches Beispiel: Es ist, als würde man eine Dreizimmerwohnung haben. Alle Zimmer sind im selben Stockwerk und man kann zwischen ihnen hin- und hergehen.

Frage: Gibt es im Jenseits Bewusstseins- oder Wissensunterschiede zwischen den einzelnen Seelen?

Antwort: Nein. Aber es gibt Erfahrungsunterschiede, bedingt durch die Zahl der durchlebten Inkarnationen auf der Erde.

Frage: Stimmt es, dass unsere Seelen nachts auf die Astralebene oder auch weiter gehen, um dort irgendwelche Dinge zu besprechen, sich mit ihrem Guide oder anderen Seelen zu treffen?

Antwort: Die „Astralebene" gibt es nicht – wir nennen diese Ebene „Ankunftsebene" – das ist aber nur ein anderer Begriff. Es passiert regelmäßig, die Seele selbst kann es aber nicht steuern. Der Guide oder Patron bestimmt darüber, holt dann die Seele ab und bringt sie auch wieder zurück.

Ein Traum dauert höchstens ein paar Minuten, manchmal nur Sekunden, auch wenn der Mensch glaubt, stundenlang geträumt zu haben – die Zeit spielt eben keine Rolle im Jenseits.

Eine außerkörperliche Erfahrung – OBE – ist auch ein Traum, nur etwas „bewusster". Auch hier bestimmt der Guide, ob sie für den entsprechenden Menschen sinnvoll ist, daher „kann" es nicht jeder.

Weiter als auf die Ankunftsebene kommt die Seele im Traum nicht, auch wenn der Mensch glaubt, auf der Lichtebene gewesen zu sein. Das ist Illusion.

Frage: Gibt es einen Unterschied zwischen unserem Patrone und beispielsweise unseren Schutzengeln? Was für Wesen sind Schutzengel? Sind sie schon mal auf der Erde inkarniert?

Antwort: „Schutzengel" ohne Inkarnationen gibt es nicht, das ist ein kirchlicher als auch esoterischer Begriff. Ihr könnt uns aber so nennen: Patron, Guide ..., wie ihr wollt. Es ist jedoch so, dass wir schon alle erforderlichen Inkarnationen hinter uns haben.

Frage: Kann ein Guide nach seinen erfolgten Inkarnationen noch mal inkarnieren, wenn er es will?

Antwort: Er kann es, aber es ist ein Unterschied zu den Inkarnationen als Mensch: Er wird auf der Erde wie ein Mensch aus Fleisch und Blut erscheinen, als „Helfer in der Not". Nach erfolgter Hilfeleistung kehrt er aber ins Licht zurück und erscheint erst wieder auf der Erde, wenn erneut seine Hilfe benötigt wird.

Gott wählt ihn aus, er kann also nicht selbst bestimmen, diesen Dienst zu tun. Derzeit kommen sechs dieser Wesen regelmäßig auf die Erde.

Schlusswort und Danksagung

Wer hätte es gedacht, es ist vollbracht: Mein zweites Buch ist fertig. Ich muss zugeben, es war ein hartes Stück Arbeit, meine Gedanken in Worte zu fassen – kein Ghostwriter, der dahintersteckt als Verfasser dieser Gedanken ...

Patrone: Moment mal, mein Junge …
Roland: Sag bitte nicht, du fühlst dich angesprochen durch das Wort „Ghostwriter"?
Patrone: Nein, keineswegs, aber hast du nicht jemanden vergessen?
Roland: Patrone, alter Freund, ich wollte gerade einen Abspann schreiben und mich bedanken …
Patrone: Na, dann schreib ...
Roland: Ja super, jetzt habe ich den Faden verloren ...

Bei diesem Buch haben viele Menschen mitgeholfen und mir ihre persönlichen Erlebnisse zur Verfügung gestellt. Ich darf sie veröffentlichen, um zu zeigen, zu *was* Seelen fähig sind.
Beginnen möchte ich mit meiner Seelenschwester Moni. Sie brachte mein Oberpfälzer Geschreibsel wieder ins lesbare Hochdeutsch. Sie stand mir in den letzten drei Jahren fest zur Seite, egal in welcher Situation, ich konnte immer auf sie zählen. *Wir* danken dir, Schwesterherzer'l!
Bedanken möchte ich mich auch bei Claudia und Silvio. Sie stellten mir die Fotos zur Verfügung und Silvio gab mir die Hintergrundinformationen. Bedanken möchte ich mich auch bei Melanie und Dunja, Irene und Peter, die mir ermöglichten, paranormalen Phänomenen auf den Grund zu gehen. Ein Dankeschön geht auch an Tom und Claudia nach Wuppertal für ihre Hilfsbereitschaft in allen Situationen. Großer Dank geht auch nach Schweinfurt zu Katrin für das super Cover!

Patrone: Na, bist du durch?

Roland: Nee, die Hauptakteure kommen noch, Patrone.

Ein besonderes Dankeschön geht auch an die Moderatoren meines Forums. Sie hielten es am Laufen und halfen Hilfesuchenden, sich zurechtzufinden und Antworten auf ihre Fragen zu bekommen, während ich an meinem Buch schrieb. Danke an – in alphabetischer Reihenfolge – Amazone, Cloude, Josh, Shara'Shantie und Suselwusel. Und wie könnte ich Martin vergessen, der im Hintergrund meine Homepage und das Forum immer auf aktuellem Stand hielt.

Patrone: Und jetzt?

Roland: Was denn? Was treibst du mich jetzt so?

Patrone: Ich treibe dich?

Roland: Ja! Schon mal was von meinem freien Willen gehört?

Patrone: Freier Wille?

Roland: Ja, *mein* freier Wille …

Patrone: Dann schreib doch weiter mit *deinem* freien Willen.

Roland: Ja wie denn, wenn du mich dauernd unterbrichst?

Patrone: Und warum schreibst du dann diese Unterhaltung mit?

Roland: Damit meine Leser mal sehen können, wie es um meinen freien Willen bestellt ist bei so einem „Engel".

Patrone: Oh, jetzt werde ich Engel genannt …

Roland: Soll ich Wolfgang schreiben?

Patrone: Schreib mit deinem freien Willen, was du willst, „Schützling".

Roland: Oh, jetzt werde ich Schützling genannt …

Patrone: Schreib einfach weiter …

Kommen wir zum Ende, bevor mein Patrone noch meinen freien Willen knacken will … Ich bedanke mich herzlichst bei meiner Frau Patricia.

Patrone: Danke auch von mir, liebe „Itzia".

Sie hielt mir den Rücken frei und regelte alles im Hintergrund, damit ich meine Zeit in das neue Buch stecken konnte. Manchmal saß ich viele Stunden am Computer und schrieb und schrieb. Danke, Itzia.

Patrone: Ich freue mich ...
Roland: Ja, jetzt kommst du, Patrone, für dich habe ich mir etwas Besonderes ausgedacht.

Lieber Patrone, es ist mir ein tiefes Bedürfnis, mich für deine Anteilnahme an diesem Buch, deine Liebe und deine Freundschaft, die ich auch und gerade in schweren Zeiten erfahren durfte, bei dir zu bedanken. Deine Worte, deine Hilfsbereitschaft, deine stillen Umarmungen, die stummen Gesten und vor allem deine Unterstützung dabei, die jenseitige Sicht zu verstehen, machten mir das Leben leichter und erträglicher.
    Ich bekam von dir all die Liebe, die ich zum Wachsen brauchte.
    Ich bekam von dir all die Wärme, die ich zum Entfalten brauchte.
    Ich bekam von dir all die Kraft, die ich zum Verändern brauchte.
    Ich bekam von dir all die Unterstützung, die ich zum Lernen brauchte.
    Ich bekam von dir all die Hoffnung, die ich zum Glauben brauchte.
    Ich bekam von dir all die Liebe, die ich zu dem Wunder brauchte.

Du hast mir all das geschenkt!

Wie auch im ersten Buch, mein Freund, darfst du das Schlusswort setzen.

Patrone: Lieber Roland …
Roland: Patrone, du hast das neue Buch auch begonnen, sehe ich gerade …
Patrone: Das macht nichts …
Patrone: Lieber Roland, Piloten brauchen Copiloten, damit sie das Flugzeug steuern können …
Roland: Was?
Patrone: Unterbrich mich bitte nicht …
Roland: Ja doch, ich muss es doch mitschreiben und verstehe es nicht ...
Patrone: Manchmal sollte dein freier Wille eine Aus-Taste haben …
Roland: Erzähl weiter, ich schreibe …
Patrone: Vertraue der geistigen Welt. Vertraue deiner eigenen Größe, die aus deinem Herzen kommt. Wenn ihr Menschen dies erkennen und annehmen könnt, habt ihr immer die beste Unterstützung, die ihr von uns bekommen könnt.
Roland: Darf ich mich kurz einschalten, Patrone?
Patrone: Natürlich, Roland.
Roland: Viele von uns Menschen kennen sich selbst nicht, weil wir von Geburt an zu hören kriegen, wie wir sein sollen, was wir lernen müssen, was von uns erwartet wird. Wir vertrauen uns selbst nicht, weil unsere Gefühle nicht mit dem, was wir „sollen", übereinstimmen, also denken wir, die Gefühle müssen falsch sein.
Patrone: In der nächsten Generation, lieber Roland, wird sich vieles ändern auf dem Heimatplaneten der Menschen. Es wird eine ganz andere Denkweise eingeführt werden: Jede Generation nimmt immer nur einen kleinen Teil von seinen Eltern mit und gibt ihn wieder ihren Kindern weiter.

Auch wenn die Religionen dieser Welt es nur ungern hören werden, sie verlieren durch ihr Dogma immer mehr ihrer Gläubigen, bis es zum endgültigen Aus kommt.

Öffne ein wenig dein Herz für uns – und wir sind bei dir.

Mehr von Roland Bachofner bei DeBehr

Jenseits - Ansichten - Kontakte mit der geistigen Welt: Wir sind nicht allein - Ein Handbuch für Hilfesuchende

Wohin geht die letzte Reise? Wandern Seelen nach dem Tod? Können wir Kontakt zu Verstorbenen aufnehmen? Roland Bachofner steht seit seiner Kindheit in Kontakt zum Jenseits. Sein Buch spendet Trost und Zuversicht, seine Erlebnisse stehen im Einklang mit viel berichteten Nahtoderfahrungen von Menschen, die dem weltlichen Ableben ins Auge blickten. Mit faszinierenden Erkenntnissen und Beispielen erklärt er die Wahrscheinlichkeit, ja die zwanghafte Logik, weshalb es ein Weiterexistieren der menschlichen Seele geben MUSS. Dieses Werk öffnet die Augen für die unsichtbaren Dinge einer Wahrheit, welche die Naturgesetze befolgt...

ISBN: 978-3941758476   84 Seiten   7,95€